YOUNG ACADEMICS

Rechtswissenschaft | 24

Rocky Glaser

Gleicher Lohn für gleichwertige Tätigkeit

Rechtliche Anforderungen in Bezug auf die Lohngerechtigkeit

Mit einem Vorwort von Prof. Dr. Constanze Janda

Tectum Verlag

Rocky Glaser
Gleicher Lohn für gleichwertige Tätigkeit
Rechtliche Anforderungen in Bezug auf die Lohngerechtigkeit

Young Academics: Rechtswissenschaft; Bd. 24

ISBN 978-3-68900-366-1
ePDF 978-3-68900-367-8
ISSN 2940-0651

Gesamtverantwortung für Druck und Herstellung:
Nomos Verlagsgesellschaft mbH & Co. KG
Printed in Germany

Besuchen Sie uns im Internet
www.tectum-verlag.de

Bibliografische Informationen der Deutschen Nationalbibliothek

Die Deutsche Nationalbibliothek verzeichnet diese Publikation
in der Deutschen Nationalbibliografie; detaillierte bibliografische
Angaben sind im Internet über http://dnb.d-nb.de abrufbar.

Vorwort

Das Verbot der Diskriminierung zwischen Frauen und Männern im Hinblick auf das Arbeitsentgelt ist seit Gründung der EWG im Primärrecht verankert. Das nationale Recht hat sich lange auf die Festschreibung des Grundsatzes „Gleicher Lohn für gleiche Arbeit" beschränkt und Frauen damit die Durchsetzung ihrer Rechte erschwert, da ihnen als Klägerinnen oft wesentliche Informationen für den Beweis von Entgeltdiskriminierung fehlen. Erst mit dem Entgelttransparenzgesetz ist eine Rechtsgrundlage für Auskunftsansprüche geschaffen worden, die an diesem Problem ansetzt. Die Arbeit von Rocky Glaser untersucht und systematisiert den damit geschaffenen Rechtsrahmen und ordnet diesen in die umfangreiche Rechtsprechung zur Bemessung von Entgeltgleichheit ein. Bei allen Diskussionen um das konkrete Ausmaß der sogenannten Gender Pay Gap besteht Einigkeit darüber, dass durchaus signifikante Unterschiede in der Entlohnung von Frauen und Männern bestehen. Diese reflektieren die strukturellen Nachteile, denen Frauen aufgrund der hergebrachten Rollenzuschreibungen noch immer ausgesetzt sind.

Den Ausgangspunkt der Analyse bildet die Entgelttransparenzrichtlinie 2023/970/EU, die die Mitgliedstaaten bis Juni 2026 in nationales Recht umsetzen müssen. Wesentliches Kriterium ist die gleiche bzw. gleichwertige Arbeit, die in der durchaus umfassenden Rechtsprechung bisher nicht in einer konsistenten Methodik ermittelt und gewürdigt wird. Der Autor arbeitet anschaulich heraus, dass die gängigen analytischen wie auch summarischen Methoden ihrerseits erhebliches Diskriminierungspotenzial aufweisen, insbesondere weil sie wesentlich auf unbestimmten Rechtsbegriffen beruhen, die Spielraum für stereotype Betrachtungen geben könnten. Damit besteht die Gefahr, dass geschlechtsspezifische Lohnunterschiede auch und gerade in den Kontrollinstanzen nicht identifiziert werden. Im Grunde, dies belegt die Arbeit, wird mit den Vorgaben vom Entgelttransparenzgesetz über das Allgemeine Gleichbehandlungsgesetz und das Teilzeit- und Befristungsrecht bis hin zur Arbeitnehmerüberlassung im Ergebnis vor allem eine „Scheinobjektivität" hergestellt. Der Autor nimmt nicht nur die Beschäftigten in der Privatwirtschaft in den Blick, sondern widmet sich ausführlich den Tarifbeschäftigten im öffentlichen Dienst und den Beamtinnen und Beamten. Dieser Personenkreis findet in arbeitsrechtlichen Arbeiten oftmals nur wenig Aufmerksamkeit, wiewohl er einen großen Teil der Beschäftigten in der Bundesrepublik ausmacht. Die im öffentlichen Dienst geltenden Entgelt- und Besoldungsgruppen suggerieren ebenfalls eine objektive und diskriminierungsfreie Entlohnung, bergen aber ebenfalls Potenzial für Benachteiligungen, die in der Arbeit kritisch gewürdigt werden.

Leserinnen und Leser finden in der Arbeit die einschlägige Rechtsprechung und Literatur anschaulich aufbereitet. Sie verspricht hohen Erkenntnisgewinn, geht sie doch auf Diskriminierungsgefahren ein, die in der Literatur oftmals nur im Ansatz diskutiert, von den Tarifpartnern teilweise sogar negiert werden. Es ist dem Autor damit nicht nur gelungen, ein neues Gesetz in die bestehende Systematik der Vorgaben zur Entgeltgleichheit einzuordnen, sondern auch dessen Eignung zu hinterfragen.

Constanze Janda
Deutsche Universität für Verwaltungswissenschaften Speyer

Inhaltsverzeichnis

A. Einleitung 1

B. Gleichwertigkeit von Arbeit im Rahmen relativer Lohngerechtigkeit gewährleistender Bestimmungen 5

I. Völkerrechtliche Vorgaben 5

1. ILO-Nr. 100 7

2. Völkerrecht im Übrigen 9

II. Unionsrechtliche Vorgaben 11

1. Entgeltgleichheit von Mann und Frau, Art. 157 AEUV i.V.m. RL 2006/54/EG 12

a) Bewertungsmethode 13

b) Systeme der beruflichen Einstufung, Art. 4 Abs. 2 RL 2006/54/EG 17

c) Prozessuale Besonderheiten 18

d) Ergänzung durch mitgliedstaatliche Bestimmungen 20

aa) Fragmentarische Vorgaben des Unionsrechts 21

bb) Tendenzen der deutschen Rechtswissenschaft 22

2. EntgTransp-RL 26

a) Verhältnis zu Art. 157 AEUV und Art. 4 RL 2006/54/EG 27

b) Bewertungsmethode 27

c) Entgeltsysteme 28
aa) Verpflichtung zum Entgeltsystem, Art. 4 Abs. 1, 2 EntgTransp-RL 29
bb) Leitlinien der Kommission, Art. 4 Abs. 3 EntgTransp-RL 30
cc) Inhaltliche Vorgaben des Art. 4 Abs. 4 EntgTransp-RL 30
dd) Berücksichtigung besonderer Belange nach Unternehmensgröße 33
d) Prozessuale Besonderheiten 33
e) Ergänzung durch mitgliedstaatliches Recht 34
3. Besondere Diskriminierungsverbote im Übrigen 36
a) Gl-Rahmen-RL und Antirassismus-RL 36
b) Teilzeit und Befristung 37
c) Arbeitnehmerüberlassung, Art. 5 Abs. 1 und 2 RL 2008/104/EG 39
d) Arbeitnehmerfreizügigkeit, Art. 45 AEUV i.V.m. Art. 7 VO (EU) Nr. 492/2011 40

III. Rechtliche Vorgaben auf nationaler Ebene 41
1. EntgTranspG 42
a) Bewertungsmethode, § 4 Abs. 1 bis 3 EntgTranspG 43
b) Entgeltsysteme, § 4 Abs. 4 EntgTranspG 48
c) Prozessuale Besonderheiten 49
aa) Volle gerichtliche Nachprüfung 50
bb) Rechtswirkungen des § 4 Abs. 5 und 6 EntgTranspG 51
cc) Beweislastregel gem. § 15 Abs. 5 EntgTranspG 53
dd) Vermutung gem. § 22 AGG 54
2. Besondere Diskriminierungsverbote 55
a) AGG 55
b) TzBfG 57
c) AÜG 59

C. Einheitliche Strukturlinien 63

I. Relativität der Lohngerechtigkeit im Licht gleichwertiger Arbeit 63

II. Wertigkeit der Arbeit als subjektive Entscheidung 64

III. Zuständige Stelle 66

D. Friktionen im Mehrebenensystem 71

I. Gleicher Lohn für gleichwertige Arbeit als Nebenfolge unionaler Regelungen 71

1. Arbeitsrechtlicher Gleichbehandlungsgrundsatz 71
2. Art. 3 Abs. 1 GG 73
3. Art. 4 Abs. 1 und 2 EntgTransp-RL 74

II. Bestimmung der Wertigkeit von Arbeit 76

1. Grundsätze der Rechtsprechung zur Gleichwertigkeit von Arbeit 76
2. Arbeitsrecht im Übrigen 76
   a) Entgeltanspruch der Arbeitnehmer im kollektiven Vergütungssystem 77
   b) Anspruch auf vertragsgemäße Beschäftigung 81
3. Öffentliches Dienstrecht im Übrigen 83
   a) Maßgeblichkeit der Amtsbegriffe für Tätigkeit und Besoldung 83
   b) Funktionswertigkeit und Dienstpostenbewertung 85

III. Unionsrechtlich determinierte Diskriminierungsverbote mit Bezügen zur Gleichwertigkeit von Arbeit 90

E. Fazit 91

F. Literaturverzeichnis 97

Abkürzungsverzeichnis

Abkürzung	Bedeutung
a.A.	am Anfang
ABl.	Amtsblatt
Abs.	Absatz
a.E.	am Ende
AEMR	Allgemeine Erklärung der Menschenrechte
AEUV	Vertrag über die Arbeitsweise der Europäischen Union
a.F.	alte Fassung
AGG	Allgemeines Gleichbehandlungsgesetz
a.M.	andere/r Meinung
Anm.	Anmerkung(en)
Antirassismus-RL	Richtlinie 2000/43/EG des Rates v. 29.6.2000 zur Anwendung des Gleichbehandlungsgrundsatzes ohne Unterschied der Rasse oder der ethnischen Herkunft
ArbeitskampfR	Arbeitskampfrecht
ArbGG	Arbeitsgerichtsgesetz
ArbR	Arbeitsrecht
ArbRAktuell	Arbeitsrecht Aktuell
ArbRB	Arbeits-Rechtsberater
Art.	Artikel
Aufl.	Auflage
AÜG	Arbeitnehmerüberlassungsgesetz
AuR	Arbeit und Recht
BAG	Bundesarbeitsgericht
BB	Betriebs Berater
BBesG	Bundesbesoldungsgesetz
Bd.	Band
BeckOGK	Beck-Online Grosskommentar

BeckOK	Beck'scher Onlinekommentar
BeckRS	Beck-Rechtsprechung
Begr.	Begründer/in
BEZNG	Gesetz zur Zusammenführung und Neugliederung der Bundeseisenbahnen
BGB	Bürgerliches Gesetzbuch
BGBl.	Bundesgesetzblatt
BMFSFJ	Bundesministerium für Familie, Senioren, Frauen und Jugend
bspw.	beispielsweise
BT-Drs.	Bundestags-Drucksache
BVerfG	Bundesverfassungsgericht
BVerfGE	Entscheidungen des Bundesverfassungsgerichts
BVerwG	Bundesverwaltungsgericht
BVerwGE	Entscheidungen des Bundesverwaltungsgerichts
bzw.	beziehungsweise
CEDAW	Übereinkommen zur Beseitigung jeder Form von Diskriminierung der Frau
CEEP	Europäischer Zentralverband der öffentlichen Wirtschaft
DB	Der Betrieb
Doc.	Document
DÖD	Der Öffentliche Dienst
DÖV	Die Öffentliche Verwaltung
DVBl.	Deutsches Verwaltungsblatt
EG	Europäische Gemeinschaft
EGB	Europäischer Gewerkschaftsbund
EGV	Vertrag zur Gründung der Europäischen Gemeinschaft
Einl.	Einleitung
EL	Ergänzungslieferung
EntgTranspG	Gesetz zur Förderung der Entgelttransparenz zwischen Frauen und Männern
EntgTransp-RL	Richtlinie (EU) 2023/970 des Europäischen Parlaments und des Rates v. 10.5.2023 zur Stärkung der Anwendung des Grundsatzes des gleichen Entgelts für Männer und Frauen bei gleicher oder gleichwertiger Arbeit durch Entgelttransparenz und Durchsetzungsmechanismen
ErfKArbR	Erfurter Kommentar zum Arbeitsrecht
ESC	Europäische Sozialcharta

EU	Europäische Union
EuGH	Europäischer Gerichtshof
EuR	Europarecht
EUV	Vertrag über die Europäische Union
EuZA	Europäische Zeitschrift für Arbeitsrecht
EuZW	Europäische Zeitschrift für Wirtschaftsrecht
EWG	Europäische Wirtschaftsgemeinschaft
f.	folgende (Seite)
ff.	folgende (Seiten)
Fn.	Fußnote
fortg.	fortgeführt
Frankfurt a.M.	Frankfurt am Main
FS	Festschrift
gem.	gemäß
Gesamthrsg.	Gesamtherausgabe
GewO	Gewerbeordnung
GG	Grundgesetz für die Bundesrepublik Deutschland
GKÖD	Gesamtkommentar Öffentliches Dienstrecht
GK-TzA	Gemeinschaftskommentar zum Teilzeitarbeitsrecht
Gl-Rahmen-RL	Richtlinie 2000/78/EG des Rates v. 27.11.2000 zur Festlegung eines allgemeinen Rahmens für die Verwirklichung der Gleichbehandlung in Beschäftigung und Beruf, revidiert durch Richtlinie 2002/73/EG des Europäischen Parlaments und des Rates v. 23.9.2002 zur Änderung der Richtlinie 76/207/EWG des Rates zur Verwirklichung des Grundsatzes der Gleichbehandlung von Männern und Frauen hinsichtlich des Zugangs zur Beschäftigung, zur Berufsbildung und zum beruflichen Aufstieg sowie in Bezug auf die Arbeitsbedingungen
GRC	Charta der Grundrechte der Europäischen Union
ggf	gegebenenfalls
HdB	Handbuch
HdBStR II	Handbuch des Staatsrechts, Band II
Hs.	Halbsatz
h.L.	herrschende Lehre
h.M.	herrschende Meinung
Hrsg.	Herausgeber/in
hrsg.	herausgegeben
IAO/ILO	Internationale Arbeitsorganisation

IGH	Internationaler Gerichtshof
ILO-Nr. 100	Übereinkommen Nr. 100 der Internationalen Arbeitsorganisation über die Gleichheit des Entgelts männlicher und weiblicher Arbeitskräfte für gleichwertige Arbeit
IPWSKR	Internationaler Pakt für wirtschaftliche, soziale und kulturelle Rechte
i.S.d.	im Sinne der/des
i.S.e.	im Sinne einer/eines
i.V.m.	in Verbindung mit
KR	Gemeinschaftskommentar zum Kündigungsschutzgesetz und zu sonstigen kündigungsschutzrechtlichen Vorschriften
KSchG	Kündigungsschutzgesetz
LAG	Landesarbeitsgericht
lit.	litera
Ls.	Leitsatz
MiLoG	Gesetz zur Regelung eines allgemeinen Mindestlohns
MüKo-BGB	Münchener Kommentar zum Bürgerlichen Gesetzbuch
MüKo-ZPO	Münchener Kommentar zur Zivilprozessordnung mit Gerichtsverfassungsgesetz und Nebengesetzen
m.w.N.	mit weiteren Nachweisen
NJW	Neue Juristische Wochenschrift
Nr.	Nummer
NVwZ	Neue Zeitschrift für Verwaltungsrecht
NZA	Neue Zeitschrift für Arbeitsrecht
NZA-RR	NZA-Rechtsprechungs-Report Arbeitsrecht
OVG	Oberverwaltungsgericht
Pkt.	Punkt/e
PostPersRG	Gesetz zum Personalrecht der Beschäftigten der früheren Deutschen Bundespost
RdA	Recht der Arbeit
RL	Richtlinie
Rn.	Randnummer
Rs.	Rechtssache
Rspr.	Rechtsprechung
S.	Seite/Satz (bei Normen)
st.	ständige(n)
str.	streitig

TVG	Tarifvertragsgesetz
TV-L	Tarifvertrag für den öffentlichen Dienst der Länder
TvöD	Tarifvertrag für den öffentlichen Dienst
TzBfG	Teilzeit- und Befristungsgesetz
UAbs.	Unterabsatz
u.a.	unter anderem
UN	United Nations
UNICE	Union des Confédérations de l'Industrie et des Employeurs d'Europe
v.	von/vom
verb.	verbundene
VerwArch	Verwaltungsarchiv
VGH	Verwaltungsgerichtshof
vgl.	vergleiche
VO	Verordnung
VwGO	Verwaltungsgerichtsordnung
WD BT	Wissenschaftliche Dienste des Deutschen Bundestags
WSK-Ausschuss	Ausschuss für wirtschaftliche, soziale und kulturelle Rechte/Committee on Economic, Social and Cultural Rights
ZaöRV	Zeitschrift für ausländisches öffentliches Recht und Völkerrecht
ZBR	Zeitschrift für Beamtenrecht
ZESAR	Zeitschrift für europäisches Sozial- und Arbeitsrecht
Ziff.	Ziffer
zit.	zitiert
ZRP	Zeitschrift für Rechtspolitik
ZTR	Zeitschrift für Tarifrecht

A. Einleitung

Unter dem Schlagwort der Lohngerechtigkeit treibt die Bundesregierung das Prinzip „Gleicher Lohn für gleiche oder gleichwertige Arbeit" mit Blick auf die Lohnlücke zwischen Männern und Frauen voran.[1] Im Mehrebenensystem existiert losgelöst von diesem dominant als Entgeltgleichheitsgebot[2] bezeichnetem Regelungsgegenstand eine Vielzahl an Bestimmungen zur Gewährleistung relativer Lohngerechtigkeit bei gleichwertiger Arbeit. Klarstellend ist auszuführen, dass mit den Vorgaben des Mehrebenensystems solche des Völkerrechts, des Rechts der Europäischen Union sowie des nationalen, deutschen Rechts bezeichnet sind.

Die Gleichwertigkeit von Arbeit und ihre Bedeutung für die Lohngerechtigkeit hat in der Vergangenheit durchaus ein höheres Maß an Aufmerksamkeit im Schrifttum erlangt. Aufgrund der völker- und unionsrechtlichen Bestimmungen kann auf internationale Literatur verwiesen werden. Ausschlaggebend war zumeist die Rechtsprechung[3] oder die Tätigkeit der Gesetzgeber[4] zum Entgeltgleichheitsgebot. Hierzu existieren mehrere unmittelbar einschlägige Monographien.[5] Eine Auseinandersetzung mit der Thematik erfolgt im Übrigen häufig mit-

1 BMFSFJ, Lohngerechtigkeit, Hintergrundinformation v. 29.9.2023.

2 Vgl. die amtliche Überschrift des § 7 EntgTranspG sowie den Wortlaut des EntgTranspG im Übrigen und BT-Drs. 18/11133, S. 18 ff.; zur Geschichte der „Entgeltgleichheit" siehe auch *Schuster/Jacobsohn*, RdA 2024, 270 (270 ff.) m.w.N.

3 Zuletzt EuGH, Rs. C-624/19 (Tesco Stores), ECLI:EU:C:2021:429; BAG, NZA 2023, 958 und NZA 2021, 1011.

4 Siehe im Einzelnen unter B. auch zu umfangreichen Kommentierungen der Bestimmungen.

5 Vgl. *Feldhoff*, Der Anspruch auf gleichen Lohn für gleichwertige Arbeit; *Winter*, Gleiches Entgelt für gleichwertige Arbeit.

telbar im Zusammenhang mit besonderen Diskriminierungsverboten.[6] Zusammenfassend lässt sich feststellen, dass die Problematik im Bereich der Entgeltgleichheit unbeschadet der Schwachstellen der Regelungskonzepte im Schrifttum zufriedenstellend aufgearbeitet ist. Andere Komplexe haben bislang keine vergleichbare Aufmerksamkeit erfahren, sollen jedoch vorliegend Teil des Untersuchungsgegenstands sein.[7]

Eine vergleichende Betrachtung, die die Vorgaben der verschiedenen Rechtsordnungen auf gemeinsame Strukturlinien und insoweit Friktionen mit dem Arbeitsrecht bzw. öffentlichem Dienstrecht im Übrigen analysiert, existiert nur ansatzweise für spezielle Problemstellungen.[8] Diese wird als maßgebliche Aufgabenstellung angesehen. Zunächst werden die Bestimmungen zur Gewährleistung relativer Lohngerechtigkeit bei gleichwertiger Arbeit notwendigerweise sukzessiv im Rahmen der jeweiligen Rechtsordnung in ihrer Auslegung und Anwendung durch die Rechtsprechung aufgegriffen. Zur Zeichnung eines vollständigen Bildes wird auf prozessuale Besonderheiten eingegangen, die in einem besonderen Zusammenhang stehen. Darauf aufbauend erfolgt die vorbezeichnete Vergleichsbetrachtung. Abschließend findet sich ein Resümee der gefundenen Ergebnisse.

Vor diesem Hintergrund sind die Einschränkungen der Untersuchung hervorzuheben. In Rede steht die relative Lohngerechtigkeit und nicht die absolute Entgelthöhe.[9] Der Begriff des Lohns wird heute zumeist synonym zu den Termini der Vergütung, des Gehalts und des Entgelts verwendet.[10] Die gesetzlichen Bestimmungen sehen

---

6 Bspw. bei *Eichenhofer*, in: Streinz, AEUV, Art. 157 Vor Rn. 1; *Rust*, in: von der Groeben/Schwarze/Hatje, AEUV, Art. 157 Vor Rn. 1 jeweils m.w.N.; zuletzt etwa *Trübenbach*, Neue Wege zur Entgeltgleichheit, S. 66 ff.; *Vianden*, Gleiches Entgelt für gleiche und gleichwertige Arbeit, S. 31 ff.; ausführlich unter differenter Aufhängung auch *Herbig*, Eingruppierung, S. 114 ff.

7 Die Bearbeitung berücksichtigt Rechtsprechung und Literatur bis Mitte Dezember 2024.

8 Vgl. etwa *Günther/Schiffelholz/Westenrieder*, NZA 2024, 1305 für die Berücksichtigung der Tarifautonomie durch den nationalen Gesetzgeber bei der Umsetzung des unionsrechtlich determinierten Entgeltgleichheitsgebots.

9 In diesem Sinne die gesetzlichen Entgeltregelungen differenzierend *Krause*, in: Kiel/Lunk/Oetker, § 60 Rn. 30 ff. m.w.N.

10 *Joussen*, in: BeckOK ArbR, BGB, § 611a Rn. 35.

abweichend einen teilweise spezifischen Bedeutungsgehalt in Form unbestimmter Rechtsbegriffe vor.[11] Für die im Fokus stehenden Fragen spielt die Ausformung des Lohnbegriffs im Einzelnen keine herausgehobene Bedeutung. Der Lohnbegriff wird daher nicht vertieft und entsprechend synonym verwendet. Beachtlich ist hingegen der unionsrechtliche Arbeitnehmerbegriff, der nach dem Zweck der einschlägigen Norm im Einzelfall zu bestimmen ist und häufig auch deutsche Beamte erfasst.[12] In diesem Sinne können Fragen der Besoldung dem Unionsrecht unterfallen.[13] Bei Notwendigkeit wird zwischen dem Arbeitsrecht und dem öffentlichen Dienstrecht differenziert. Die speziellen Vorgaben für die Bediensteten der internationalen Organisationen bleiben außer Betracht.[14] Insofern wird deutlich, dass die Bestimmungen gerade in Bezug auf die Feststellung gleichwertiger Arbeit aufgearbeitet werden. Weitere normative Elemente werden nur aufgegriffen, soweit sie dazu besondere Rückbezüge aufweisen. Angesichts der Vielzahl der rechtlichen Vorgaben wird sich die Untersuchung auf die als wesentlich identifizierten Bestimmungen konzentrieren.

---

11 Für den Entgeltbegriff gem. Art. 157 Abs. 1 und 2 AEUV und die entsprechende Rechtsprechung des EuGH etwa *Krebber*, in: Callies/Ruffert, AEUV, Art. 157 Rn. 20 ff. m.w.N.

12 Vgl. *Rinck*, in: Schaub, § 8 Rn. 4 ff. m.w.N.

13 Zum Anwendungsbereich der GRC im Besoldungsrecht *Wolff*, ZBR 2014, 1 (6) mit Verweis auf BVerwG, Urt. v. 9.4.2013 – 2 C 5/12, Rn. 16, juris.

14 Generell bspw. *Ullrich*, Das Dienstrecht der Internationalen Organisationen; speziell für den Öffentlichen Dienst der EU *Mehde*, in: Terhechte, VerwR EU, § 39.

B. Gleichwertigkeit von Arbeit im Rahmen relativer Lohngerechtigkeit gewährleistender Bestimmungen

Die Regelungen werden wie vorbeschrieben nach einschlägiger Rechtsordnung getrennt dargestellt und aufbereitet.

I. Völkerrechtliche Vorgaben

Auf völkerrechtlicher Ebene ist die Problematik der Gleichwertigkeit von Arbeit im Licht der Lohngerechtigkeit aus verschiedenen Perspektiven relativ zu betrachten, denn eine einheitliche Völkerrechtsordnung existiert mit Blick auf das Völkergewohnheitsrecht und die allgemeinen Rechtsgrundsätze nur begrenzt.[15]

Auf völkerrechtlicher Ebene kommt der Internationalen Arbeitsorganisation (ILO oder IAO) überragende Bedeutung zu. Die ILO ist eine durch die Vereinten Nationen gebildete Sonderorganisation, die ihren Ursprung im Friedensvertrag von Versailles 1919 hat.[16] Schwerpunktmäßig beschäftigt sie sich mit der Formulierung und Durchset-

15 Anerkannt wird dies aufgrund einschlägiger Rechtsprechung des IGH für einen Bereich der Kernarbeitsnormen der ILO, die auch die Beseitigung der Diskriminierung in Beschäftigung und Beruf umfassen, darüber hinaus steht dies für den Rest der Kernarbeitsnormen zur Diskussion, vgl. statt aller *Stolzenberg*, ILO und EU, S. 42 ff., 225 ff. jeweils m.w.N.; folgend wird aus Gründen der Übersichtlichkeit jeweils unabhängig von der authentischen Fassung i.S.d. Art. 33 des Wiener Übereinkommens über das Recht der Verträge (WVK) v. 23.5.1969 [1155 UNTS, 331] nur mit der deutschen Sprachfassung gearbeitet, soweit es für den Bearbeitungszweck auf den exakten Wortlaut der Bestimmungen nicht ankommt.

16 Vgl. ILO, History of the ILO.

zung internationaler Arbeits- und Sozialnormen.[17] Ihre Abkommen bedürfen als völkerrechtliche Verträge der Ratifizierung, in Deutschland gilt hinsichtlich ihrer Umsetzung generell Art. 59 Abs. 2 S. 1 GG.[18] Die EU ist zwar nicht mitgliedschaftlich in ihr organisiert, unterhält aber eine vielfältige institutionelle Beziehung unter anderem in Form eines Beobachterstatus, wobei im Einzelfall Normenkollisionen entstehen können.[19] Das Arbeitsentgelt war seit ihrer Gründung ein zentrales Thema der ILO, schon im später mehrfach ergänzten Abkommen Nr. 26 vom 14. Juni 1930 wurde ein Lohn angestrebt, der einen angemessenen Lebensstandard ermöglichen sollte und dieses Konzept wurde Jahrzehnte später in der Allgemeinen Erklärung der Menschenrechte (AEMR)[20], dem Internationalen Pakt für wirtschaftliche, soziale und kulturelle Rechte (IPWSKR)[21] und der Europäischen Sozialcharta (ESC) des Europarats in erster Fassung von 1961[22] und in revidierter Fassung von 1996[23] aufgegriffen.[24] Hinzu treten weitere Abkommen. Zu verweisen ist vor allem auf das Übereinkommen zur Beseitigung jeder Form von Diskriminierung der Frau (CEDAW oder UN-Frauenrechtskonvention).[25]

---

17 *Ricken*, in: Kiel/Lunk/Oetker, § 269 Rn. 32 m.w.N.; siehe auch *Körner-Dammann*, ILO-Standards, S. 37 f.

18 In verschiedenen Kontexten bspw. *Brors*, in: Schüren, AÜG, Einleitung Rn. 620; *Kissel*, ArbeitskampfR, § 20 Rn. 42.

19 Siehe nur *Stolzenberg*, ILO und EU, S. 215 ff. m.w.N. mit Betrachtung zukünftiger Entwicklungsmöglichkeiten.

20 Allgemeine Erklärung der Menschenrechte, Resolution 217 A (III) der Generalversammlung der Vereinten Nationen v. 10.12.1948, UN-Doc A/RES/217 A (III), Übersetzung des Deutschen Übersetzungsdienstes bei den Vereinten Nationen (Neufassung 2007).

21 Internationaler Pakt über wirtschaftliche, soziale und kulturelle Rechte v. 19.12.1966, zum deutschen Zustimmungsgesetz vgl. BGBl. 1973 II, S. 1569.

22 Europäische Sozialcharta v. 18.10.1961, zum deutschen Zustimmungsgesetz vgl. BGBl. 1964 II, S. 1262.

23 Europäische Sozialcharta (revidiert) v. 3.5.1996, zum deutschen Zustimmungsgesetz vgl. BGBl. 2020 II, S. 900.

24 *Körner*, NZA 2011, 425 (426); *Grillberger*, EuZA 2018, 143 (146); *Servais*, International Labour Law, Rn. 611 ff.

25 Übereinkommen zur Beseitigung jeder Form von Diskriminierung der Frau v. 18.12.1979, zum deutschen Zustimmungsgesetz vgl. BGBl. 1985 II, S. 647.

1. ILO-Nr. 100

Die ILO hat die Aspekte eines angemessenen Mindestlohns und der Entgeltgerechtigkeit im Laufe der Zeit getrennt aufgegriffen. Unter der Entgeltgleichheit i.S.e. gleichen Lohns für gleichwertige Arbeit verfolgt sie heute maßgeblich die Gleichstellung von Frauen und Männern.[26] Besondere Beachtung verdient das Übereinkommen Nr. 100 der ILO vom 29. Juni 1951[27] (folgend: „ILO-Nr. 100“). Infolge der Ratifizierung durch beinahe alle Staaten wird vertreten, dass die ILO-Nr. 100 Völkergewohnheitsrecht darstellt.[28]

Gem. Art. 2 Nr. 1 ILO-Nr. 100 ist die Anwendung des Grundsatzes der Gleichheit des Entgelts männlicher und weiblicher Arbeitskräfte für gleichwertige Arbeit auf alle Arbeitnehmer durch die Vertragsstaaten zu fördern und soweit möglich sicherzustellen. Nach Art. 3 Nr. 1 ILO-Nr. 100 sind ggf. Maßnahmen zu treffen, die einer objektiven Bewertung der Beschäftigungen aufgrund der dabei erforderlichen Arbeitsleistung dienlich sind.[29] Im deutschen Recht ist die innerstaatliche Geltung des Völkervertragsrechts gem. Art. 59 Abs. 2 GG von der unmittelbaren Anwendbarkeit zu differenzieren, durch Auslegung der völkerrechtlichen Regelung und des Zustimmungsgesetzes ist der Regelungsanspruch zu klären, ob es also eines weiteren staatlichen Vollzugsakts bedarf.[30] Als entscheidende Voraussetzung gilt die hinreichende Bestimmtheit der Regelung.[31] Die Erforderlichkeit eines weiteren staatlichen Vollzugsakts ist bei Art. 3 Nr. 1 ILO-Nr. 100 offensichtlich. Un-

26 Zu aktuellen Maßnahmen siehe ILO, Hintergrund: Der lange Weg zum gleichen Lohn v. 30.6.2016.

27 Übereinkommen Nr. 100 der Internationalen Arbeitsorganisation über die Gleichheit des Entgelts männlicher und weiblicher Arbeitskräfte für gleichwertige Arbeit v. 29.6.1951, zum deutschen Zustimmungsgesetz vgl. BGBl. 1956 II, S. 23.

28 In diesem Sinne *von Roetteken*, in: von Roetteken, AGG, EntgTranspG, § 4 Rn. 17.

29 Gemeint ist offensichtlich nicht die konkrete Arbeitsleistung, sondern die objektive Tätigkeit, vgl. *Winter*, Gleiches Entgelt für gleichwertige Arbeit, S. 43 mit Verweis auf die englische und französische Sprachfassung.

30 Vgl. *Dederer*, ZaöRV 2023, 671 m.w.N. und *Nettesheim*, in: Dürig/Herzog/Scholz, GG, Art. 59 Rn. 180, wonach diese Grundsätze auf das Völkergewohnheitsrecht und allgemeine Rechtsgrundsätze gem. Art. 25 S. 1 GG zu übertragen sind.

31 *Ebd.* m.w.N.

beschadet der fehlenden unmittelbaren Anwendbarkeit verbleibt nach dem Grundsatz der Völkerrechtsfreundlichkeit des Grundgesetzes die Pflicht zur völkerrechtsfreundlichen Auslegung.[32]

Das BAG hat sich schon vor der deutschen Ratifizierung mit der ILO-Nr. 100 auseinandergesetzt. Es stellte fest, dass die ILO-Nr. 100 im Einklang mit einem „Lohngleichheitsgrundsatz nach Art. 3 Abs. 1 GG" mit Recht auf die objektive Bewertung der Beschäftigung abstellt und insoweit im Sinne der objektiven Maßstäbe arbeitswissenschaftlicher Bewertung vorzugehen ist.[33] Primär soll auf die Gleichartigkeit nach Tarif und Arbeitspraxis i.S.d. einheitlichen Einstufung in ein kollektives Vergütungssystem abgestellt werden, subsidiär soll eine objektive Bewertung nach Maßgabe der Sozialpartner erfolgen.[34] Dementsprechend ergeben sich nach Ansicht des BAG aus der ILO-Nr. 100, abgesehen von differenten Geboten der Sachlichkeit, keine inhaltlichen Vorgaben für die Feststellung der Gleichwertigkeit von Arbeit im Übrigen.[35]

Nach Art. 3 Nr. 2 ILO-Nr. 100 können die Bewertungsmethoden, wenn die Entgeltsätze aufgrund von Gesamtarbeitsverträgen festgesetzt werden, von den Vertragsparteien bestimmt werden. Gem. Art. 3 Nr. 3 ILO-Nr. 100 sind Unterschiede zwischen den Entgeltsätzen bei objektiven Unterschieden der Arbeitsleistung zulässig. Das Zusammenspiel dieser Vorgaben zeigt auf, dass vertragsseitig kein bestimmtes Bewertungsverfahren vorgeschrieben ist und die Festlegungen der Sozialpartner nicht allein als maßgeblich zugrunde gelegt werden können.[36] Der durch die ILO publizierte Leitfaden für genderneutrale Tätigkeitsbewertung[37] kann höchstens als unverbindliches *soft law*[38] interpretiert werden.

---

32 BVerfGE 151, 1, Rn. 61 f.; vgl. dazu *Petersen*, in: Kischel/Kube, HdBStR II, § 27 Rn. 13 ff.; *Polzin*, ZaöRV 2023, 741 jeweils m.w.N.

33 BAG, Urt. v. 6.4.1955 – 1 AZR 365/54, Rn. 43, juris.

34 BAG, Urt. v. 6.4.1955 – 1 AZR 365/54, Rn. 30, 43, juris.

35 So auch *von Roetteken*, in: von Roetteken, AGG, EntgTranspG, § 4 Rn. 18; vgl. für die Entgeltgleichheit in ihrer Gesamtheit aber bei *Schlachter*, EuZA 2020, 143 (153).

36 *Herbig*, Eingruppierung, S. 108.

37 ILO, Ein ILO-Leitfaden für genderneutrale Tätigkeitsbewertung.

38 Vgl. Art. 38 IGH-Statut, dazu umfassend *Heusel*, „Weiches" Völkerrecht; zur Herkunft der Begrifflichkeit *Schwarze*, EuR 2011, 3 m.w.N.

2. Völkerrecht im Übrigen

In Art. 23 Nr. 2 AEMR heißt es, dass alle Menschen ohne jede unterschiedliche Behandlung das Recht auf gleichen Lohn für gleiche Arbeit haben. Gem. Art. 7 IPWSKR erkennen die Vertragsstaaten das Recht eines jeden auf gerechte und günstige Arbeitsbedingungen an, die insbesondere gem. dessen lit. a) Ziff. i) ein Arbeitsentgelt gewährleisten, das allen Arbeitnehmern mindestens angemessenen Lohn und gleiches Entgelt für gleichwertige Arbeit ohne Unterschied sichert, wobei insbesondere gewährleistet sein muss, dass Frauen keine ungünstigeren Arbeitsbedingungen als Männer haben und dass sie für gleiche Arbeit gleiches Entgelt erhalten. Die ESC spricht in Art. 4 a.A. und in Nr. 1 und 3 inhaltsgleich in erster Fassung von 1961 als auch in revidierter Fassung von 1996 von einem Recht auf ein gerechtes Arbeitsentgelt, sowohl mit Blick auf die Sicherung eines angemessenen Lebensstandards als auch einer Entgeltgleichheit zwischen männlichen und weiblichen Arbeitnehmern für gleichwertige Arbeit. Gem. Art. 11 Abs. 1 lit. d) CEDAW haben Frauen das Recht auf gleiches Entgelt bei gleichwertiger Arbeit.

Die Regelungen des AEMR und IPWSKR sehen gleichen Lohn für gleichwertige Arbeit unabhängig von geschlechtlichen Diskriminierungen vor, während die anderweitigen Verträge auf „Entgeltgleichheit" gerichtet sind.[39] Die Bestimmungen verhalten sich in ihrer Gesamtheit nicht oder nur rudimentär dazu, wie die Gleichwertigkeit von Arbeit inhaltlich zu bestimmen ist.

Die AEMR ist ex tunc als völkerrechtlich unverbindliches Dokument konzipiert und verabschiedet worden und kann Rechtswirkungen allenfalls mittelbar über das Völkergewohnheitsrecht entfalten.[40] Entsprechendes Gewohnheitsrecht ist zumindest im europäischen Rechtsraum nicht ersichtlich.

Der IPWSKR ist hinsichtlich seiner unmittelbaren Anwendbarkeit nicht nur auf innerstaatlicher Ebene, sondern auch auf völkerrechtlicher

39 Vgl. auch *Herbig*, Eingruppierung, S. 101 ff.

40 Vgl. *Beyerlin*, in: Max-Planck-Institut, Koalitionsfreiheit II, S. 1153 (1156).

Ebene streitig, weitergehend wurde (parallel) die Rechtsnormqualität der Bestimmungen angezweifelt.[41] Die Regelung des Art. 7 IPWSKR soll aus sich heraus keinen Anspruch in Bezug auf das Entgelt begründen,[42] ist jedoch im Rahmen der völkerrechtskonformen Auslegung heranzuziehen.[43] Insoweit sind die „Allgemeinen Bemerkungen“ (General Comments) des WSK-Ausschusses hervorzuheben, dessen interpretative Autorität im Hinblick auf die Rechte des IPWSKR auch ohne förmliche Rechtsverbindlichkeit allgemeinhin anerkannt ist.[44] Der Ausschuss fordert mit Verweis auf die ILO-Nr. 100 eine laufende objektive Bewertung mit Fokus auf die (Gleich-)Wertigkeit von Arbeit.[45] Die Bewertung sollte die Kriterien der Fähigkeiten, der Verantwortlichkeiten, des Arbeitsaufwands sowie der Arbeitsbedingungen umfassen.[46] Kollektivrechtliche Regelungen sollen das Ziel des gleichen Lohns für gleichwertige Arbeit gewährleisten, ohne dieses zu ersetzen.[47]

Die unmittelbare Anwendbarkeit der ESC wird im Schrifttum unterschiedlich beurteilt.[48] Jedenfalls ist Art. 4 ESC auch in seiner inhaltsgleich revidierten Fassung dem Wortlaut nach eindeutig als Verpflichtung der Vertragsstaaten der entsprechenden Anerkennung eines Rechts auf ein gerechtes Arbeitsentgelt der Arbeitnehmer ausgestaltet

41 Statt aller kritisch *Lohmann*, Scheininstitut, S. 93 ff., 132 ff. m.w.N.; vgl. auch schon *Seibert-Fohr*, ZaöRV 2002, 391 m.w.N.

42 *Krause*, in: Kiel/Lunk/Oetker, § 60 Rn. 36; offen WD BT, WD 6–3000–089/16 v. 5.8.2016, S. 5 ff. und 12 m.w.N. auch zu vereinzelten Gegenauffassungen, die sich (bislang) nicht durchgesetzt haben.

43 Vgl. *Herbig*, Eingruppierung, S. 103.

44 Dazu etwa *Hamm/Kocks*, Die Friedens-Warte 1/2006, 87 (96).

45 WSK-Ausschuss, UN Doc. E/C.12/GC/23, S. 4, abrufbar unter https://www.ohchr.org/en/documents/general-comments-and-recommendations/general-comment-no-23-2016-right-just-and-favourable.

46 Ebd.; nach der authentischen, englischsprachigen Fassung bestehen im Einzelnen Unklarheiten, vgl. auch *Herbig*, Eingruppierung, S. 102 f. und 108; WD BT, WD 6–3000–089/16 v. 5.8.2016, S. 8; *Winter*, Gleiches Entgelt für gleichwertige Arbeit, S. 75.

47 WSK-Ausschuss, UN Doc. E/C.12/GC/23, S. 5, abrufbar unter https://www.ohchr.org/en/documents/general-comments-and-recommendations/general-comment-no-23-2016-right-just-and-favourable; *Herbig*, Eingruppierung, S. 103, 108.

48 Vgl. *Kissel*, ArbeitskampfR, § 20 Rn. 14 ff.; auch *Krause*, in: Kiel/Lunk/Oetker, § 60 Rn. 36 Fn. 138 m.w.N. zur Rechtsprechung.

und hat somit keine unmittelbare Wirkung für bzw. gegen den Bürger.[49] Den Art. 1 bis 16 der CEDAW wird hingegen im Schrifttum durchaus eine unmittelbare Anwendbarkeit zugebilligt.[50]

Für das Vorliegen „gleichwertiger Arbeit“ gibt es keine allgemeingültige Definition, in jedem Fall bedarf es einer Wertung.[51] Ob diese Wertung den völkerrechtlichen Bestimmungen inhärent ist bzw. durch Auslegung ermittelt werden kann, darf man bezweifeln. Es erscheint überzeugender, im Einklang mit Art. 3 Abs. 1 ILO-Nr. 100 und dem sogleich dargestellten Unionsrecht anzunehmen, dass die völkerrechtlich verpflichteten Stellen nähere Kriterien und Verfahren vorgeben müssen, um den Vorgaben zu ihrer effektiven Durchsetzung zu verhelfen.[52]

II. Unionsrechtliche Vorgaben

Die Rechtsgrundlagen auf Ebene der Europäischen Union sind vor allem kompetenzrechtlich geprägt. Gem. Art. 5 Abs. 1 S. 1, Abs. 2 EUV gilt der Grundsatz der begrenzten Einzelermächtigung, die Union wird nur innerhalb der Grenzen der Zuständigkeiten tätig, die die Mitgliedstaaten ihr in den Verträgen zur Verwirklichung der darin niedergelegten Ziele übertragen haben.[53]

Auch auf der Ebene der EU werden die Bereiche des angemessenen Mindestlohns und der Lohngerechtigkeit im Übrigen isoliert vorangetrieben. Während der angemessene Mindestlohn trotz Ausnahme des „Arbeitsentgelts“ gem. Art. 153 Abs. 5 AEUV aus dem unionalen Kompetenzbereich zuletzt in Form einer auf Art. 153 Abs. 2 lit. b AEUV

49 BAG, NZA 2004, 971 (974) m.w.N.

50 *Rudolf*, in: Mit RECHT zur Gleichstellung!, S. 24 f.

51 *Baumgärtner*, in: BeckOGK, AGG, 1.11.2024, § 3 Rn. 33; *Herbig*, Eingruppierung, S. 91 f. m.w.N.; *Husemann*, EuZA 2022, 166 (173); *Thüsing*, NZA 2000, 570 (571); *Trübenbach*, Neue Wege zur Entgeltgleichheit, S. 67; *Wank*, RdA 2018, 34 (42); vgl. auch BAG, NZA 1996, 579 (581).

52 Im Ergebnis ebenso *Herbig*, Eingruppierung, S. 98 ff.; *Krause*, in: Kiel/Lunk/Oetker, § 60 Rn. 36; *von Roetteken*, in: von Roetteken, AGG, EntgTranspG, § 4 Rn. 71a.

53 Vgl. *Buschmann/Daiber*, DÖV 2011, 504; *Kiekebusch*, Der Grundsatz der begrenzten Einzelermächtigung, S. 7 ff.; *Kraußer*, Das Prinzip begrenzter Ermächtigung, S. 16 ff.

i.V.m. Art. 153 Abs. 1 lit. b AEUV gestützten Richtlinie Fahrt aufnahm,[54] wird die Lohngerechtigkeit im Übrigen maßgeblich auf Grundlage des Antidiskriminierungsrechts und in Form von Richtlinien gem. Art. 288 Abs. 3 AEUV[55] bearbeitet. Die Diskriminierungsverbote differenzieren in ihrer privatrechtlichen Weite je nach betroffenem Differenzierungsmerkmal und lassen eine Hierarchisierung folgen, die das Geschlecht an die zweite Stelle hinter die geschützten Merkmale der „Rasse" bzw. „ethnische Herkunft" setzt.[56]

1. Entgeltgleichheit von Mann und Frau, Art. 157 AEUV i.V.m. RL 2006/54/EG

Überragende Bedeutung kommt Art. 157 AEUV sowohl in seinem Gehalt, dass jeder Mitgliedstaat die Anwendung des Grundsatzes des gleichen Entgelts für Männer und Frauen bei gleicher oder gleichwertiger Arbeit sicherstellen muss (Abs. 1 und 2), als auch in seiner Gestalt als Rechtsgrundlage für einschlägiges Sekundärrecht (Abs. 3) zu. Der Wortlaut wurde erst mit dem Vertrag von Amsterdam ausdrücklich auf gleichwertige Arbeit ausgedehnt.[57] Auch daran anknüpfend sieht Art. 23 GRC vor, dass die Gleichheit von Frauen und Männern in

54 Richtlinie (EU) 2022/2041 des Europäischen Parlaments und des Rates v. 19.10.2022 über angemessene Mindestlöhne in der Europäischen Union, ABl. (EU) L 275, S. 33; kritisch und zusammenfassend *Franzen*, EuZA 2024, 3 m.w.N.

55 Überblick zum entsprechenden Richtlinienrecht bei *Thüsing*, in: MüKo-BGB, AGG, Einl. Rn. 5 und 12 ff.

56 *Baumgärtner*, in: BeckOGK, AGG, 1.11.2024, § 1 Rn. 35 m.w.N. zur streitigen Legitimation; zur Diskussion um die streitigen Diskriminierungsmerkmale der „Rasse" und „ethnischen Herkunft" in der deutschen Rechtswissenschaft bspw. *Lasserre*, NZA 2022, 302 m.w.N.

57 *Husemann*, EuZA 2022, 166 (173); *Krebber*, in: Callies/Ruffert, AEUV, Art. 157 Rn. 54; zum Richtlinienrecht aber *Schlachter*, NZA 1995, 393 (394 f.) m.w.N., wonach schon zuvor eine Angleichung an die ILO-Nr. 100 unional beabsichtigt war. Auch der EuGH sah im einschlägigen Richtlinienrecht eine Präzisierung des Primärrechts, vgl. EuGH, Rs. 69/80 (Worringham und Humphreys/Lloyds Bank), ECLI:EU:C:1981:63; Rs. C-43/75 (Defrenne II), ECLI:EU:C:1976:56.

allen Bereichen, einschließlich der Beschäftigung, der Arbeit und des Arbeitsentgelts, sicherzustellen ist.[58]

Art. 157 AEUV ist dahin auszulegen, dass er in Rechtsstreitigkeiten zwischen Privaten, in denen ein Verstoß gegen den Grundsatz des gleichen Entgelts geltend gemacht wird, unmittelbare Wirkung entfaltet.[59] Im Zusammenhang mit Art. 157 AEUV ist auf die RL 2006/54/EG[60] zu verweisen. In Art. 4 Abs. 1 RL 2006/54/EG wird die Beseitigung mittelbarer und unmittelbarer Diskriminierung aufgrund des Geschlechts in Bezug auf sämtliche Entgeltbestandteile und -bedingungen bei gleicher Arbeit oder bei einer Arbeit, die als gleichwertig anerkannt wird, angeordnet. Die Regelung dient vor allem der Angleichung des Sekundärrechts an die Rechtsprechung des EuGH zu Art. 157 Abs. 1 AEUV und bestätigt und präzisiert diesen in seiner unmittelbaren Wirkung.[61] Der EuGH prüft die Regelung gemeinsam mit dem sich überschneidenden Art. 14 Abs. 1 lit. c) RL 2006/54/EG.[62] Im Ergebnis existiert eine einheitliche Rechtsprechung des EuGH zur Gleichheit und Gleichwertigkeit von Arbeit im Licht der Entgeltgleichheit.[63]

a) Bewertungsmethode

Zur Feststellung, ob Arbeitnehmer gleiche oder gleichwertige Arbeiten verrichten, ist zu prüfen, ob sie unter Zugrundelegung der Gesamtum-

58 Vgl. im Einzelnen *Jarass*, GRC, Art. 23 Rn. 1 m.w.N.

59 EuGH, Rs. C-624/19 (Tesco Stores), ECLI:EU:C:2021:429, Rn. 39.

60 Richtlinie 2006/54/EG des Europäischen Parlaments und des Rates v. 5.7.2006 zur Verwirklichung des Grundsatzes der Chancengleichheit und Gleichbehandlung von Männern und Frauen in Arbeits- und Beschäftigungsfragen (Neufassung), ABl. (EG) L 204, S. 23, zu weiteren mit Art. 157 AEUV im Zusammenhang stehenden Rechtsgrundlagen im Völker- und Unionsrecht überblicksweise *Rust*, in: von der Groeben/Schwarze/Hatje, AEUV, Art. 157 Rn. 1 ff. m.w.N.

61 *Mohr*, in: Franzen/Gallner/Oetker, RL 2006/54/EG, Art. 4 Rn. 1 und Art. 14 Rn. 1; vgl. auch *Janda*, in: Dauses/Ludwigs, D.II. Rn. 176.

62 EuGH, Rs. C-363/12 (Z.), ECLI:EU:C:2014:159, Rn. 48 ff.; dazu *Mohr*, in: Franzen/Gallner/Oetker, RL 2006/54/EG, Art. 4 Rn. 4 und Art. 14 Rn. 1.

63 BAG, NZA 2023, 958 (962); vgl. auch *von Roetteken*, in: von Roetteken, AGG, EntgTranspG, § 4 Rn. 58.

stände wie der Art der Arbeit, der an die Ausübung dieser Tätigkeit geknüpften Ausbildungsanforderungen und der Arbeitsbedingungen als in einer vergleichbaren Situation befindlich angesehen werden können.[64] Der auch in EG Nr. 9 RL 2006/54/EG enthaltene Ausdruck „vergleichbare Situation" bildet den Oberbegriff zu demjenigen der „gleichen oder gleichwertigen Arbeit" und wird etwa dann relevant, wenn Arbeitnehmer aktuell keine Arbeitsleistung erbringen können.[65]

Im Rahmen des Vergleichs können völlig unterschiedliche Arbeiten herangezogen werden.[66] Der Vergleichsmaßstab umspannt alle Arbeitnehmer, deren Entgeltbedingungen unbeschadet der Tätigkeit in verschiedenen Betrieben von einer einheitlichen Stelle festgelegt worden sind.[67] In den Vergleichsmaßstab können auch die Tätigkeiten eines Vorgängers fallen, die Vergleichsbetrachtung ist nicht über ein Erfordernis der Gleichzeitigkeit eingeschränkt.[68] Das nach Art. 4 Abs. 1 RL 2006/54/EG erforderliche Anerkenntnis der Gleichwertigkeit findet sich in Art. 157 AEUV nicht wieder und soll zum Ausdruck bringen, dass die Feststellung der Gleichheit bzw. Gleichwertigkeit der Arbeit einer gesetzlichen, kollektivrechtlichen Maßnahme oder einer

64 EuGH, Rs. C-427/11 (Kenny u.a.), ECLI:EU:C:2013:122, Rn. 27; Rs. C-381/99 (Brunnhofer), ECLI:EU:C:2001:358, Rn. 39 und 43; Rs. C-132/92 (Birds Eye Walls/ Roberts), ECLI:EU:C:1993:868, Rn. 17; Rs. C-400/93 (Royal Copenhagen), ECLI: EU:C:1995:155, Rn. 32 f.; Rs. C-309/97 (Angestelltenbetriebsrat der Wiener Gebietskrankenkasse), ECLI:EU:C:1999:241, Rn. 17; vgl. auch *Vianden*, Gleiches Entgelt für gleiche und gleichwertige Arbeit, S. 39 ff. m.w.N.

65 *Mohr*, in: Franzen/Gallner/Oetker, RL 2006/54/EG, Art. 4 Rn. 5 mit Verweis auf EuGH, Rs. C-342/93 (Gillespie u.a.), ECLI:EU:C:1996:46, Rn. 15 ff.; Rs. C-171/88 (Rinner-Kühn/FWW Spezial-Gebäudereinigung), ECLI:EU:C:1989:328, Rn. 7 ff., Rs. C-66/96 (Høj Pedersen u.a.), ECLI:EU:C:1998:549, Rn. 28 ff.; Rs. C-218/98 (Abdoulaye u.a.), ECLI:EU:C:1999:424, Rn. 17 ff.; Rs. C-333/97 (Lewen), ECLI:EU: C:1999:512, Rn. 25 ff.; Rs. C-335/15 (Ornano), ECLI:EU:C:2016:564, Rn. 31 und 39 f.

66 Explizit EuGH, Rs. 127/92 (Enderby/Frenchay Health Authority und Secretary of State for Health), ECLI:EU:C:1993:859: Logopäden und Apotheker; Rs. C-236/98 (JämO), ECLI:EU:C:2000:173: Hebammen und Krankenhausingenieure.

67 EuGH, Rs. C-624/19 (Tesco Stores), ECLI:EU:C:2021:429, Rn. 36 mit Verweis auf Rs. C-320/00 (Lawrence u.a.), ECLI:EU:C:2002:498, Rn. 17 f.; Rs. C-256/01 (Allonby), ECLI:EU:C:2004:18, Rn. 46.

68 Vgl. EuGH, Rs. 129/79 (Macarthys/Smith), ECLI:EU:C:1980:103, Rn. 11 ff.

Entscheidung durch eine dafür vorgesehene Einrichtung gerichtlicher oder außergerichtlicher Art bedarf.[69]

Es kommt also auf einen Gesamtvergleich an.[70] Die Begrifflichkeiten der gleichen bzw. gleichwertigen Arbeit haben rein qualitative Bedeutung, da sie ausschließlich mit der objektiv zu berücksichtigenden Art der von den betroffenen Arbeitnehmern verrichteten Arbeit zusammenhängen.[71] Die hinzutretenden Faktoren können den Anschein der sich aus der Art der Arbeit ergebenden Schlussfolgerungen bestätigen oder derart modifizieren, dass trotz gleicher Art der Arbeit aufgrund der Gesamtheit der objektiven Faktoren nicht davon auszugehen ist, dass sich die Beschäftigten hinsichtlich der von ihnen zu verrichtenden Arbeit tatsächlich in einer vergleichbaren Lage befinden.[72]

Dementsprechend leisten Arbeitnehmer nach einer beachtlichen Auffassung im Schrifttum grundsätzlich gleiche Arbeit, wenn der Inhalt der Tätigkeit identisch ist bzw. sich die Tätigkeiten so sehr ähneln, dass die damit betrauten Arbeitnehmer einander ersetzen können.[73] Einschränkend gilt beispielsweise, dass bei scheinbar identischer Tätigkeit von Arbeitnehmergruppen, die nicht dieselbe Berufsberechtigung bzw. -qualifikation für die Ausübung ihres Berufs besitzen, die Gleichwertigkeit zu verneinen sein kann, denn der (potenzielle) Umfang der Aufgaben wird maßgeblich durch an die Ausübung dieser Tätigkeiten

69 *von Roetteken*, in: von Roetteken, AGG, EntgTransp, § 4 Rn. 86 f. mit Verweis auf EuGH, Rs. C-624/19 (Tesco Stores), ECLI:EU:C:2021:429, Rn. 25, 37 und den Einklang mit Art. 3 Abs. 2 ILO-Nr. 100.

70 In diesem Wortlaut etwa *Roloff*, in: BeckOK ArbR, EntgTranspG, § 4 Rn. 6; *Schlachter*, in: ErfKArbR, EntgTranspG, § 4 Rn. 4; *Thies*, in: Henssler/Willemsen/Kalb, EntgTranspG, § 4 Rn. 3.

71 Vgl. EuGH, Rs. C-381/99 (Brunnhofer), ECLI:EU:C:2001:358, Rn. 42 mit Verweis auf Rs. C-237/85 (Rummler/Dato-Druck), ECLI:EU:C:1986:277, Rn. 13, 23; Rs. C-129/79 (Macarthys/Smith), ECLI:EU:C:1980:103, Rn. 11; vgl. auch Rs. C-400/93 (Royal Copenhagen), ECLI:EU:C:1995:155, Rn. 42; Rs. C-427/11 (Kenny u.a.), ECLI:EU:C:2013:122, Rn. 28, 31, 34; Rs. C-624/19 (Tesco Stores), ECLI:EU:C:2021:429, Rn. 30.

72 *von Roetteken*, in: von Roetteken, AGG, EntgTranspG, § 4 Rn. 60 mit Verweis auf Rs. C-309/97 (Angestelltenbetriebsrat der Wiener Gebietskrankenkasse), ECLI:EU:C:1999:241, Rn. 18; GA *Cosmas*, Schlussanträge in der Rs. C-309/97 (Angestelltenbetriebsrat der Wiener Gebietskrankenkasse), ECLI:EU:C:1999:8, Rn. 34.

73 *Franzen*, in: Franzen/Gallner/Oetker, AEUV, Art. 157 Rn. 30; *Schlachter*, in: ErfKArbR, EntgTranspG, § 4 Rn. 2.

geknüpfte Ausbildungserfordernisse und Arbeitsbedingungen speziell in Form der Fähigkeiten des Arbeitnehmers bestimmt.[74] Diese Anforderung ist jedoch nur dann ein objektiver Faktor, wenn es dem Arbeitgeber auf die besondere Berechtigung bzw. Qualifikation ankommt und kann im Übrigen auf Rechtfertigungsebene bei spezifischer Bedeutung zu berücksichtigen sein.[75] Auch die übrigen zur Art der Arbeit hinzutretenden Faktoren können als objektive Rechtfertigung im Rahmen der Diskriminierungsverbote in Betracht kommen, ihnen kommt daher insgesamt eine abgestufte Doppelfunktion zu.[76] Das Dienstalter bzw. die Anciennität kann als Ausdruck der Berufserfahrung und in diesem Sinne als besondere Befähigung einen objektiven Faktor darstellen, auf der anderen Seite eine rechtfertigungsbedürftige Ungleichbehandlung auslösen.[77]

Ungeklärt ist bislang die Frage, ob und inwieweit arbeitsmarktabhängige Kriterien für die Feststellung der Gleichwertigkeit verwendet werden dürfen oder diese ggf. nur auf Rechtfertigungsebene relevant werden.[78] Die mehrdeutige Rechtsprechung des EuGH[79] wird im Schrifttum unterschiedlich interpretiert.[80]

---

74 EuGH, Rs. C-427/11 (Kenny u.a.), ECLI:EU:C:2013:122, Rn 28; Rs. C-381/99 (Brunnhofer), ECLI:EU:C:2001:358, Rn. 78; Rs. C-309/97 (Angestelltenbetriebsrat der Wiener Gebietskrankenkasse), ECLI:EU:C:1999:241, Rn. 18 ff.; GA *Cosmas*, Schlussanträge in der Rs. C-309/97 (Angestelltenbetriebsrat der Wiener Gebietskrankenkasse), ECLI:EU:C:1999:8, Rn. 34.

75 Vgl. EuGH, Rs. C-109/88 (Danfoss), ECLI:EU:C:1989:383, Rn. 23, 25; einschränkend auf den Zeitpunkt der Einstellung EuGH, Rs. C-381/99 (Brunnhofer), ECLI:EU:C:2001:358, Rn. 78 und auf die Besetzung des Arbeitsplatzes *von Roetteken*, in: von Roetteken, AGG, EntgTranspG, § 4 Rn. 118, 124; für die Berücksichtigung eines Wesentlichkeitskriteriums i.S.d. Art. 14 Abs. 2 RL 2006/54/EG *von Roetteken*, in: von Roetteken, AGG, EntgTranspG, § 4 Rn. 97 ff.

76 EuGH, Rs. C-427/11 (Kenny u.a.), ECLI:EU:C:2013:122, Rn 29; Rs. C-309/97 (Angestelltenbetriebsrat der Wiener Gebietskrankenkasse), ECLI:EU:C:1999:241, Rn. 19; Rs. C-400/93 (Royal Copenhagen), ECLI:EU:C:1995:155, Rn. 42; in diesem Sinne auch *Mohr*, in: Franzen/Gallner/Oetker, RL 2006/54/EG, Art. 4 Rn. 8 m.w.N.

77 Ausführlich BAG; NZA 2021, 1011, Rn. 69 ff. m.w.N. zur Rechtsprechung des EuGH.

78 *Schlachter*, in: ErfKArbR, EntgTranspG, § 4 Rn. 3.

79 EuGH, Rs. C-127/92 (Enderby/Frenchay Health Authority und Secretary of State for Health), ECLI:EU:C:1993:859, Rn. 17, 24 ff.

80 Dafür *Thüsing*, NZA 2000, 570 (572 ff.); *ders.*, DB 2016, 2234 (2235 f.); dagegen und für eine Berücksichtigung auf Rechtfertigungsebene *Schlachter*, in: ErfKArbR,

b) Systeme der beruflichen Einstufung, Art. 4 Abs. 2 RL 2006/54/EG

Ein System der beruflichen Einstufung i.S.d. Art. 4 Abs. 2 RL 2006/54/EG ist nur eines von mehreren Mitteln, um das Entgelt für eine gleichwertige Arbeit festzulegen und nicht zwingend erforderlich.[81] Ein Verfahren der Arbeitsbewertung stellt zugleich ein System der beruflichen Einstufung dar, die rechtlichen Anforderungen an die Bewertungsmethode sind zu antizipieren.[82] Gem. Art. 4 Abs. 2 RL 2006/54/EG muss dieses System auf für männliche und weibliche Arbeitnehmer gemeinsamen Kriterien beruhen und so beschaffen sein, dass Diskriminierungen aufgrund des Geschlechts ausgeschlossen werden. Die korrespondierenden Voraussetzungen wurden in der Rs. Rummler/Dato-Druck entwickelt und sind kumulativ zu berücksichtigen.[83] Der EuGH überprüft bestehende Systeme darauf, ob sie entsprechend dem Zweck des Unionsrechts den Wert der entgoltenen Arbeitsleistung unbeschadet der Geschlechtszugehörigkeit ausgestalten, soweit dies möglich ist.[84]

Die Einstufungskriterien müssen die gleiche Entlohnung für eine objektiv gleiche bzw. gleichwertige Arbeit unabhängig davon sicherstellen, ob diese von einem männlichen oder einem weiblichen Arbeitnehmer verrichtet wird.[85] Insbesondere darf bei der Bestimmung der Ausprägung der Kriterien nicht von Werten ausgegangen werden, die der

EntgTranspG, § 4 Rn. 3; *von Roetteken*, in: von Roetteken, AGG, EntgTranspG, § 4 Rn. 96 jeweils m.w.N.

81 Vgl. EuGH, C-237/85 (Rummler/Dato-Druck), ECLI:EU:C:1986:277, Rn. 13; Rs. C-61/81 (Kommission/Vereinigtes Königreich), ECLI:EU:C:1982:258, Rn. 2 ff.; vgl. aber B.II.2.c) für die zukünftige Rechtslage.

82 Vgl. EuGH, Rs. C-243/95 (Hill und Stapleton/The Revenue Commissioners und Department of Finance), ECLI:EU:C:1998:298, Rn. 21 mit Blick auf das Arbeitsentgelt als solches; *von Roetteken*, in: von Roetteken, AGG, EntgTranspG, § 4 Rn. 113.

83 *Mohr*, in: Franzen/Gallner/Oetker, RL 2006/54/EG, Art. 4 Rn. 11; siehe BR-Drs. 366/04 = Kommission, KOM(2004) 279 endg.; Ratsdok. 889/04, S. 9 f.; ausführlich *Herbig*, Eingruppierung, S. 127 ff.; *Winter*, Gleiches Entgelt für gleichwertige Arbeit, S. 114 ff.; *Zimmer*, in: Däubler, TVG, § 1 Rn. 518 jeweils m.w.N.

84 *Schlachter*, NZA 1995, 393 (395).

85 EuGH, Rs. C-237/85 (Rummler/Dato-Druck), ECLI:EU:C:1986:277, Rn. 18 ff.

durchschnittlichen Leistungsfähigkeit der Arbeitnehmer nur des einen Geschlechts entsprechen.[86] Soweit die Art der in dem Unternehmen zu verrichtenden Tätigkeiten es zulässt, sind Kriterien zu berücksichtigen, hinsichtlich derer die Arbeitnehmer beider Geschlechter besonders geeignet sein können.[87] Die Kommission leitet daraus ab, dass ein System i.S.d. Art. 4 Abs. 2 RL 2006/54/EG formal, analytisch, tatsachenbasiert und nichtdiskriminierend sein muss.[88]

Die Einstufung im Rahmen eines solchen Systems hat nur Indizwirkung für die Gleichwertigkeit der Arbeit, da es auf den skizzierten Gesamtvergleich ankommt.[89] Soweit Entgeltregelungen das Ergebnis von Tarifverhandlungen sind, können die nationalen Gerichte dies bei der Frage, ob Unterschiede beim Entgelt auf objektive Faktoren zurückgehen, die nichts mit einer Diskriminierung wegen des Geschlechts zu tun haben, besonders berücksichtigen.[90]

Die Transparenz der Systeme ist prozessual bedeutsam, denn wenn dem angewandten Entlohnungssystem jede Durchschaubarkeit fehlt, obliegt dem Arbeitgeber der Nachweis, dass die Lohnpolitik nicht diskriminierend ist, sofern auf der Grundlage einer relativ großen Zahl von Arbeitnehmern belegt werden kann, dass das durchschnittliche Entgelt einer Arbeitnehmergruppe niedriger ist als das der anderen.[91]

c) Prozessuale Besonderheiten

Das Unionsrecht sieht diverse prozessuale Besonderheiten vor, die sich auf die Frage der Gleichwertigkeit von Arbeit erheblich auswirken.

86 Ebd. mit Verweis auf Rs. 170/84 (Bilka/Weber von Hartz), ECLI:EU:C:1986:204.

87 Ebd.; vgl. auch *Winter*, ZTR 2001, 7 (10).

88 BR-Drs. 366/04 = Kommission, KOM(2004) 279 endg.; Ratsdok. 889/04, S. 10.

89 St Rspr., vgl. EuGH, Rs. C-381/99 (Brunnhofer), ECLI:EU:C:2001:358, Rn. 41 ff. m.w.N.; vgl. auch *Mohr*, in: Franzen/Gallner/Oetker, RL 2006/54/EG, Art. 4 Rn. 12; ausführlich unter Bezug auf tarifvertragliche Bestimmungen *Herbig*, Eingruppierung, S. 130 f. m.w.N.

90 EuGH, Rs. C-400/93 (Royal Copenhagen), ECLI:EU:C:1995:155, Rn. 46.

91 EuGH, Rs. C-127/92 (Enderby/Frenchay Health Authority und Secretary of State for Health), ECLI:EU:C:1993:859, Rn. 14; Rs. 109/88 (Danfoss), ECLI:EU:C:1989:383, Rn. 16.

Nach ständiger Rechtsprechung des EuGH obliegt dem Arbeitnehmer der Beweis des Anscheins einer entsprechenden geschlechtlichen Diskriminierung, in deren Folge ihm prozessuale Erleichterungen zugutekommen, vgl. Art. 19 Abs. 1 RL 2006/54/EG.[92] Nach den üblichen Beweisführungsregeln muss er beweisen, dass sein Arbeitgeber ihm ein niedrigeres Entgelt zahlt als seinen zum Vergleich herangezogenen Kollegen und dass er tatsächlich eine vergleichbare Arbeit verrichtet, so dass er dem ersten Anschein nach Opfer einer nur mit unterschiedlichem Geschlecht erklärbaren Diskriminierung ist.[93]

Außerhalb des Paarvergleichs, soweit lediglich das durchschnittliche Arbeitsentgelt für eine überwiegend von Arbeitnehmern des einen Geschlechts verrichtete Tätigkeit geringer ist als das einer von überwiegend durch Arbeitnehmer des anderen Geschlechts ausgeführten, müssen für die prozessualen Erleichterungen stets noch weitere Kriterien hinzukommen.[94] Ein deutlicher und durch aussagekräftige Statistiken belegter Unterschied kann genügen.[95] Der Anschein einer Diskriminierung kann auch mit allgemeinen statistischen Daten über den Arbeitsmarkt des Mitgliedstaats glaubhaft gemacht werden, wenn nicht erwartet werden kann, dass Daten speziell über die relevante Gruppe der Arbeitnehmer vorgelegt werden, weil diese schwer zugänglich oder nicht verfügbar sind.[96] Als zusätzliches Kriterium kommt unbeschadet dessen die vorbenannte Durchschaubarkeit des Entgeltsystems in Betracht.[97] Die Einstufung in ein System gem. Art. 4 Abs. 2

92 Vgl. mit umfassender Würdigung *Franzen*, NZA 2017, 814 (816) m.w.N.; siehe auch *Janda*, in: Dauses/Ludwig, D.II. Rn. 202 f. und *von Roetteken*, in: von Roetteken, AGG, EntgTranspG, § 4 Rn. 61 explizit für Art. 19 RL 2006/54/EG.

93 EuGH, Rs. C-427/11 (Kenny u.a.), ECLI:EU:C:2013:122, Rn. 18 f.; Rs. 381/99 (Brunnhofer), ECLI:EU:C:2001:358, Rn. 52 ff. m.w.N.

94 Vgl. *Franzen*, NZA 2017, 814 (816) mit Verweis auf EuGH, Rs. C-400/93 (Royal Copenhagen), ECLI:EU:C:1995:155, Rn. 25.

95 Ebd. mit Verweis auf EuGH, Rs. C-127/92 (Enderby/Frenchay Health Authority und Secretary of State for Health), ECLI:EU:C:1993:859, Rn. 16.

96 EuGH, Rs. C-274/18 (Schuch-Ghannadan), ECLI:EU:C:2019:828, Rn. 56.

97 EuGH, Rs. 381/99 (Brunnhofer), ECLI:EU:C:2001:358, Rn. 54; Rs. C-400/93 (Royal Copenhagen), ECLI:EU:C:1995:155, Rn. 24 f.; Rs. C-127/92 (Enderby/Frenchay Health Authority und Secretary of State for Health), ECLI:EU:C:1993:859, Rn. 14; Rs. 109/88 (Danfoss), ECLI:EU:C:1989:383, Rn. 16.

RL 2006/54/EG hat jedoch höchstens Indizwirkung für die Gleichwertigkeit von Arbeit, da es maßgeblich auf den skizzierten Gesamtvergleich ankommt.[98]

Nach diesen Maßgaben obliegt die Feststellung der Gleichwertigkeit von Arbeit abschließend der Tatsachenwürdigung der nationalen Gerichte, die für die Ermittlung und Würdigung des Sachverhalts zuständig sind und zu entscheiden haben, ob die Tätigkeiten der betroffenen Arbeitnehmer angesichts ihrer konkreten Natur als gleichwertig anerkannt werden können.[99] Die Gerichte können bzw. müssen die gebotenen sachdienlichen Auskünfte einholen.[100] Den Vorgaben ist volle Wirksamkeit zu verschaffen, die zum Anwendungsvorrang etwa gegenüber den Bestimmungen eines Tarifvertrags als kollektives Vergütungssystem führen kann.[101] Auch die „gerichtliche" Arbeitsbewertung unterliegt den unionalen Rechtsvorgaben im Sinne eines Mindeststandards.[102]

d) Ergänzung durch mitgliedstaatliche Bestimmungen

Das Unionsrecht enthält keine abschließende Regelung.

---

98 St Rspr., vgl. EuGH, Rs. C-381/99 (Brunnhofer), ECLI:EU:C:2001:358, Rn. 41 ff. m.w.N.; dazu schon B.II.1.b).

99 St. Rspr., vgl. EuGH, Rs. C-624/19 (Tesco Stores), ECLI:EU:C:2021:429, Rn. 24 f., 30; Rs. 381/99 (Brunnhofer), ECLI:EU:C:2001:358, Rn. 49; Rs. C-236/98 (JämO), ECLI:EU:C:2000:173, Rn. 48; Rs. C-400/93 (Royal Copenhagen), ECLI:EU:C:1995:155, Rn. 42; vgl. zu Art. 17 Abs. 1 RL 2006/54/EG auch EuGH, Rs. 61/82 (Kommission/Vereinigtes Königreich), ECLI:EU:C:1982:258, Rn. 13.

100 EuGH, Rs. 61/82 (Kommission/Vereinigtes Königreich), ECLI:EU:C:1982:258, Rn. 13; vgl. auch *von Roetteken*, in: von Roetteken, AGG, EntgTranspG, § 4 Rn. 136b.

101 *Winter*, in: Franzen/Gallner/Oetker, RL (EU) 2023/970, Art. 4 Rn. 15 mit Verweis auf EuGH, Rs. C-187/00 (Kutz-Bauer), ECLI:EU:C:2003:168, Rn. 74; Rs. C-184/89 (Nimz/Freie und Hansestadt Hamburg), ECLI:EU:C:1991:50.

102 Vgl. *von Roetteken*, in: von Roetteken, AGG, EntgTranspG, § 4 Rn. 111.

aa) Fragmentarische Vorgaben des Unionsrechts

Das Verfahren zur Feststellung der Gleichwertigkeit von Arbeit im Einzelnen bleibt offen und Handlungsanweisungen des EuGH sind nicht zu erwarten.[103] Allenfalls in Vorabentscheidungsverfahren gem. Art. 267 AEUV gibt der EuGH den nationalen Gerichten ggf. die Prüfung besonderer Gegebenheiten auf.[104] Nach Ziff. II.10. Empfehlung 2014/124/EU[105] sollen die Mitgliedstaaten den Begriff der gleichwertigen Arbeit in ihrem nationalen Recht nach der einschlägigen Rechtsprechung des EuGH präzisieren. Die regelhaft genannten Kriterien des EuGH wurden durch die Kommission wiederum regelhaft in weitere objektive Kriterien aufgefächert. Benannt werden Bildungs-, Ausbildungs- und Berufsanforderungen, Qualifikationen, Belastung und Verantwortung, ausgeführte Arbeit und Art der dabei wahrgenommenen Aufgaben. In Ziff. II.11. und 12 Empfehlung 2014/124/EU wird den Mitgliedstaaten die Förderung der Entwicklung und des Einsatzes von gem. Ziff. II.2. Empfehlung 2014/124/EU transparenten Systemen zur geschlechtsneutralen Arbeitsbewertung bzw. die Ermutigung von Arbeitgebern und Sozialpartnern zur Einführung solcher Systeme nahegelegt. Die Entscheidung über die Gleichwertigkeit kann mithin außergerichtlich im Rahmen eines Arbeitsbewertungsverfahrens durch die Arbeitgeber oder behördlich verankert werden.[106] Nach ständiger Rechtsprechung des EuGH obliegt sie im Streitfall als Tatsachenwürdigung aber abschließend den nationalen Gerichten.[107]

---

103 GA *Themaat*, Schlussanträge in der Rs. 61/81 (Kommission/Vereinigtes Königreich), ECLI:EU:C:1982:191, Ziff. 6; so auch schon *Schlachter*, NZA 1995, 393 (395); vgl. auch *Mohr*, in: Franzen/Gallner/Oetker, RL 2006/54/EG, Art. 4 Rn. 9; *von Roetteken*, in: von Roetteken, AGG, EntgTranspG, § 4 Rn. 145.

104 *Mohr*, in: Franzen/Gallner/Oetker, RL 2006/54/EG, Art. 4 Rn. 9 mit Verweis auf EuGH, Rs. 381/99 (Brunnhofer), ECLI:EU:C:2001:358, Rn. 50.

105 Empfehlung der Kommission v. 7.3.2014 zur Stärkung des Grundsatzes des gleichen Entgelts für Frauen und Männer durch Transparenz, ABl. (EU) L 69, S. 112.

106 Vgl. EuGH, Rs. C-61/81 (Kommission/Vereinigtes Königreich), ECLI:EU:C:1982:258, Rn. 13; *von Roetteken*, in: von Roetteken, AGG, EntgTranspG, § 4 Rn. 145.

107 St. Rspr., vgl. EuGH, Rs. C-624/19 (Tesco Stores), ECLI:EU:C:2021:429, Rn. 25, 30 m.w.N.; dazu B.II.1.c).

bb) Tendenzen der deutschen Rechtswissenschaft

Es mangelt es an einem unionsrechtlichen Konzept der gleichwertigen Arbeit im Einzelnen, in den Mitgliedstaaten wird diese Fragestellung unterschiedlich gehandhabt und im deutschen Recht herrscht ein enges Verständnis vor, das als konturlos bezeichnet werden muss.[108] Im rechtswissenschaftlichen Schrifttum herrscht ausgiebiger Streit darüber, welche Methoden der Arbeitsbewertung zur Erfüllung der unionsrechtlichen Vorgaben geeignet sind.

Der Streit um die richtige Bewertungsmethode für die Bestimmung der Wertigkeit einer Tätigkeit ist nicht neu. Vor rund fünfzig Jahren wurde in Deutschland heftig über summarische und analytische Verfahren zwecks der Ermittlung der Funktionswertigkeit von Beamten zur Gewährleistung des Grundsatzes der funktionsgerechten Besoldung gestritten, wobei eine Entscheidung durch den Gesetzgeber wegen der wechselseitigen Vor- und Nachteile heute nicht mehr gefordert wird, vgl. nachfolgend auch D.II.3.a) und b).[109]

Die summarischen Methoden ermitteln die Einstufung über eine Gesamtbetrachtung der bewertungsrelevanten Kriterien.[110] Auf eine systematische Analyse wird verzichtet.[111] Die Vorteile liegen im verhältnismäßig geringen Aufwand und einer hohen Akzeptanz bei gewachsener Hierarchie, während das besitzstandswahrende Festhalten an veralteten Strukturen sowie der fehlende Quervergleich mit anderen Bereichen sowie die häufig nicht vorhandene Feindifferenzierung als nach-

---

108 *Krebber*, in: Callies/Ruffert, AEUV, Art. 157 Rn. 55 m.w.N.; unter Verweis darauf *Franzen*, in: Franzen/Gallner/Oetker, AEUV, Art. 157 Rn. 32; siehe rechtsvergleichend für den angelsächsischen Rechtskreis auch *Trübenbach*, Neue Wege zur Entgeltgleichheit, S. 174 ff.

109 Insbesondere *Richter/Gamisch*, Dienstpostenbeschreibung, S. 46, 49, die noch vereinzelt eine Verbreitung von „Glaubenssätzen" sehen; *Hillebrecht*, in: Clemens/Millack, BBesG, § 18 Rn. 25; explizit zu diesen Bewertungsverfahren im Arbeitsrecht *Jochmann-Döll*, in: Krell, S. 185 (194 ff.); *Winter*, Gleiches Entgelt für gleichwertige Arbeit, S. 59 ff. jeweils m.w.N.

110 Vgl. *Hillebrecht*, in: Clemens/Millack, BBesG, § 18 Rn. 21; *Winter*, Gleiches Entgelt für gleichwertige Arbeit, S. 59 ff.

111 *Richter/Gamisch*, Dienstpostenbeschreibung, S. 48; vgl. im Einzelnen etwa bei *von Roetteken*, in: von Roetteken, AGG, EntgTranspG, § 4 Rn. 150 ff. m.w.N.

teilhaft bezeichnet werden müssen.[112] Den summarischen Methoden wird geläufig ein großes Diskriminierungspotenzial zugeschrieben.[113]

Die analytischen Verfahren erfolgen stets zweistufig.[114] Auf der ersten Stufe werden die Anforderungen jeweils für sich erfasst und bewertet.[115] In einem zweiten Schritt werden die bewerteten Einzelanforderungen nach einem einheitlichen Maßstab zueinander ins Verhältnis gesetzt, folgend wird in einem rein rechnerischen Verfahren ein Gesamturteil gebildet, das die relative Stellung der Arbeit nach ihrer Wertigkeit ausweist.[116] Die Vorteile bestehen aus einer hohen „organisationstheoretischen Transparenz" sowie der Portabilität in völlig verschiedene Bereiche, dafür ist ein erheblicher zeitlicher und personeller Aufwand und besonders qualifiziertes Personal mit Blick auf die Methodik und den zu bewertenden Bereich notwendig und eine Anknüpfung an tradierte Wertungen kann im Rahmen der Gewichtung letztlich nie vollständig ausgeschlossen werden.[117] Bei den analytischen Verfahren kollidiert das Ziel, durch eine Beschränkung der Anforderungsarten das System einfach und überschaubar zu halten, damit, dass möglichst alle Anforderungsarten erfasst werden sollen.[118] Komplizierte Systeme laden ferner zu Manipulationen ein.[119]

---

112 *Hillebrecht*, in: Clemens/Millack, BBesG, § 18 Rn. 22; a.M. für die fehlende Akzeptanz der Beschäftigten mangels Transparenz *Knebel/Zander*, Arbeitsbewertung und Eingruppierung, S. 26.

113 *von Roetteken*, in: Roetteken, AGG, EntgTranspG, § 4 Rn. 154; *Winter*, Gleiches Entgelt für gleichwertige Arbeit, S. 62 ff.

114 *Möller*, in: Schwegmann/Summer, BBesG, § 18 Rn. 47; *Winter*, Gleiches Entgelt für gleichwertige Arbeit, S. 73 ff.

115 *G. B. Müller*, DÖD 1989, 155 (157); *von Roetteken*, in: von Roetteken, AGG, EntgTranspG, § 4 Rn. 160 m.w.N.

116 Vgl. *Hillebrecht*, in: Clemens/Millack, BBesG, § 18 Rn. 23; *von Roetteken*, in: von Roetteken, AGG, EntgTranspG, § 4 Rn. 160 m.w.N.

117 Vgl. *Hillebrecht*, in: Clemens/Millack, BBesG, § 18 Rn. 24; siehe auch *Herbig*, Eingruppierung, S. 91 m.w.N.

118 *Möller*, in: Schwegmann/Summer, BBesG, § 18 Rn. 46; *Zander*, Arbeits- und Leistungsbewertung, S. 24.

119 Vgl. *Foit*, Analytische Arbeitsbewertung, S. 60; *Möller*, in: Schwegmann/Summer, BBesG, § 18 Rn. 44.

Denkbar ist eine Kombination der Bewertungsverfahren durch Berücksichtigung summarischer und analytischer Elemente.[120] Ein vollständiges Abstellen der Kritikpunkte konnte jedoch nicht erreicht werden und steht offensichtlich nicht zu erwarten.

Die Bundesregierung hält wohl auch in Anbetracht dessen summarische und analytische Methoden für grundsätzlich geeignet, um den hier in Rede stehenden rechtlichen Anforderungen gerecht zu werden.[121] Im Schrifttum findet sich hingegen eine Vielzahl an Verfechtern analytischer Methoden.[122] Diese können sich auf die Kommission[123] sowie die ILO[124] stützen. Die Kommission sieht wie ausgeführt ein System i.S.d. Art. 4 Abs. 2 RL 2006/54/EG als zwingend formal, analytisch, tatsachenbasiert und nichtdiskriminierend an. Die ILO favorisiert analytische Verfahren, da es andernfalls nicht möglich sein soll, den Einfluss von Vorurteilen und Stereotypen zu ermitteln und auszuschalten, die dafür verantwortlich sind, dass vor allem frauendominierte Tätigkeiten unterbewertet werden.

Diese Sichtweisen erscheinen die bestehenden Entscheidungsspielräume bei analytischen Methoden zu verkennen, denn die Bestimmung der Wertigkeit einer Arbeit bedarf unstreitig stets einer subjektiven Wertung.[125] Auch wenn man im analytischen System den Spielraum der beurteilenden Person über gewisse Regeln verkürzen bzw. Entscheidungen teilweise antizipieren kann, ist schon bei dessen Aufstellung eine Auswahl an Kriterien und deren Gewichtung als subjektive Wert-

---

120 *Richter/Gamisch*, Dienstpostenbeschreibung, S. 48.

121 BT-Drs. 18/11133, S. 53; speziell für die Eingruppierung im öffentlichen Dienst *Jochmann-Döll/Tondorf*, Gleiches Entgelt, S. 12.

122 Vgl. etwa *Jochmann-Döll/Tondorf*, Gleiches Entgelt, S. 7; *Krell/Winter*, in Krell/Ortlieb/Sieben, S. 334 (350); *von Roetteken*, in: von Roetteken, AGG, EntgTranspG, § 4 Rn. 155 ff. m.w.N.; *Winter*, Gleiches Entgelt für gleichwertige Arbeit, S. 62 ff.; *dies.*, ZTR 2001, 7 (9); *Zimmer*, in Däubler/Beck, EntgTranspG, § 4 Rn. 6.

123 BR-Drs. 366/04 = Kommission, KOM(2004) 279 endg.; Ratsdok. 889/04, S. 10.

124 ILO, Ein ILO-Leitfaden für genderneutrale Tätigkeitsbewertung, S. 26.

125 *Baumgärtner*, in: BeckOGK BGB, AGG, 1.11.2024, § 3 Rn. 33; *Herbig*, Eingruppierung, S. 91 f. m.w.N.; *Husemann*, EuZA 2022, 166 (173); *Thüsing*, NZA 2000, 570 (571); *Trübenbach*, Neue Wege zur Entgeltgleichheit, S. 67; *Wank*, RdA 2018, 34 (42); vgl. auch BAG, NZA 1996, 579 (581).

entscheidung vorzunehmen.[126] Im Sinne der ILO kann man den Eingang bewusster oder unbewusster „Vorurteile und Stereotype" in die Bewertungsentscheidung so nicht negieren. Die Entscheidung über die Ausprägung gewisser Bewertungsfaktoren ist stark subjektiv geprägt, selbst wenn diese Faktoren objektiver Natur sind. Wenn beispielsweise das notwendige Fachwissen auf dem Prüfstand steht, wird eine subjektive Bewertungsentscheidung über Breite und Tiefe der Fachkenntnisse notwendig.

Weiterhin steht zu beachten, dass analytische Systeme durch Festlegungen im Organisationsbereich unterlaufen werden können. Bei einem unerwünscht niedrigen Ergebnis im Zusammenhang mit rechtlichen Aufgaben kann der Arbeitgeber voraussetzen, dass diese nunmehr auf dem Niveau eines Volljuristen zu bearbeiten sind, da die ordnungsgemäße Erledigung für das Unternehmen wichtig ist.[127] In jedem Fall bedarf es einer Wertung sowohl im Rahmen des Bewertungssystems als auch der beurteilenden Person und es kann maximal Scheinobjektivität erreicht werden.[128] Das Versprechen der analytischen Methode als optimale Bewertungsmethode ist mithin nicht haltbar.[129]

Die größten Kritikpunkte können auch in der Summarik ggf. unter Anreicherung analytischer Gesichtspunkte abgestellt werden, genannt seien etwa die notwendige Anwendung eines Verfahrens der Arbeitsbewertung oder die Einheitlichkeit des Bewertungssystems nach gemeinsamen und einheitlich greifenden objektiven Bewertungskriterien, für die Männer und Frauen charakteristisch besonders geeignet sind und die sich nicht überschneiden dürfen.[130] Soweit hingegen kein auf einzelnen Kriterien beruhendes und gewichtendes Verfahren existiert, also eine tatsächlich freie Gesamteinschätzung in Rede steht, dürfte den

126 Ebd.

127 In diesem Sinne BAG, NZA 2023, 958, Rn. 39.

128 Im Ergebnis auch *Wank*, RdA 2018, 34 (42).

129 Auch Anhänger analytischer Methoden räumen entsprechende Schwachstellen ein, vgl. *von Roetteken*, in: von Roetteken, AGG, EntgTranspG, § 4 Rn. 162 ff. und *Winter*, in: Franzen/Gallner/Oetker, RL (EU) 2023/970, Rn. 18 ff. jeweils m.w.N.

130 Vgl. nach den Maßstäben von eg-check.de der Antidiskriminierungsstelle des Bundes *Jochmann-Döll/Tondorf*, Gleiches Entgelt, S. 7 ff. bezogen auf den TV-L.

notwendigen Bedingungen tatsächlich nicht genüge getan sein. Zumindest muss sich das System zu einer Gewichtung der Faktoren verhalten.

Insoweit sei ein weiterer Aspekt erinnert. Die Durchschaubarkeit des Bewertungssystems ist kein konstituierendes Merkmal der Gleichwertigkeit von Arbeit, sondern führt unter Umständen nur zu einer Verschiebung der Darlegungs- und Beweislast auf den Arbeitgeber.[131] Ob ein auf Rechtssätzen und unbestimmten Rechtsbegriffen basierendes System tatsächlich als nicht durchschaubar bezeichnet werden kann, soweit dieses justiziabel ist, bleibt in der Rechtsprechung des EuGH bislang offen und ist eher eine Frage der Ausgestaltung im Einzelfall.

2. EntgTransp-RL

Die Rechtslage wird nunmehr durch die zum 6. Juni 2023 in Kraft getretene EntgTransp-RL[132] bereichert. Ihre Umsetzung ist den unionalen Mitgliedstaaten gem. Art. 34 Abs. 1 EntgTransp-RL zum 7. Juni 2026 aufgegeben. Sie stärkt die Rechte der Arbeitnehmer und schränkt den Arbeitgeberspielraum für eine individuelle Entgeltgestaltung weiter ein, unter anderem indem sie die Durchsetzung des Grundsatzes der Entgeltgleichheit erheblich verschärft.[133] Die Bedeutung für die im Mittelpunkt der Untersuchung stehende Frage der Gleichwertigkeit von Arbeit wird als überschaubar beurteilt, im Schrifttum wird dieser Komplex bei Erörterung der Richtlinie teilweise überhaupt nicht auf-

---

131 Anders wohl *Winter*, in: Franzen/Gallner/Oetker, RL (EU) 2023/970, Art. 4 Rn. 16, *dies.*, EuZA 2024, 140 (145); siehe aber unter B.II.1.b) und c) zur Rechtsprechung des EuGH.

132 Richtlinie (EU) 2023/970 des Europäischen Parlaments und des Rates v. 10.5.2023 zur Stärkung der Anwendung des Grundsatzes des gleichen Entgelts für Männer und Frauen bei gleicher oder gleichwertiger Arbeit durch Entgelttransparenz und Durchsetzungsmechanismen, ABl. (EU) L 123, S. 21.

133 *Roloff*, in: BeckOK ArbR, EntgTranspG, § 1 Rn. 6; vgl. zu den Neuerungen etwa *Heimann/Weinzierl*, BB 2024, 884.

gegriffen.[134] Zumindest hinsichtlich der Anforderungen an Bewertungssysteme sind Neuerungen zu konstatieren.

a) Verhältnis zu Art. 157 AEUV und Art. 4 RL 2006/54/EG

Nach Art. 1 EntgTransp-RL soll die Anwendung des Grundsatzes des gleichen Entgelts gem. Art. 157 AEUV und Art. 4 RL 2006/54/EG gestärkt werden. Gem. Art. 26 EntgTransp-RL findet ihr Kapitel III „Rechtsmittel und Rechtsdurchsetzung“ auf Verfahren betreffend die Rechte oder Pflichten im Zusammenhang mit dem Grundsatz des gleichen Entgelts nach Art. 4 RL 2006/54/EG Anwendung. Die EG Nr. 20 f. EntgTransp-RL beziehen sich inhaltlich auf die in Art. 4 RL 2006/54/EG getroffenen Regelungen. Die dargestellte Rechtsprechung des EuGH zur gleichwertigen Arbeit bleibt gültig, es werden indes in gewisser Weise Kodifizierungen und aufbauende Festlegungen getroffen, die im nationalen Recht wohl schon durch unionsrechtskonforme Auslegung bewältigt werden können.[135]

b) Bewertungsmethode

Gleichwertige Arbeit wird in Art. 3 Abs. 1 lit. g) EntgTransp-RL nunmehr ausdrücklich definiert als Arbeit, die gemäß nichtdiskriminierenden und objektiven geschlechtsneutralen Kriterien nach Maßgabe des Art. 4 Abs. 4 EntgTransp-RL als gleichwertig gilt. In Art. 4 EntgTransp-RL finden sich wiederum Vorgaben für Vergütungs- bzw. Entgeltstrukturen sowie deren Anwendung.

Ausgangspunkt der Arbeitsbewertung sind also die neuen Verpflichtungen in Bezug auf die Vorhaltung von diskriminierungsfreien Entgeltsystemen nach Art. 4 Abs. 1 und 2 EntgTransp-RL, wobei die maßgeblichen Kriterien in Art. 4 Abs. 4 EntgTransp-RL nicht eindeutig fest-

---

134 Vgl. nur *Günther/Schiffelholz*, NZA-RR 2023, 568; *Röhner*, ZRP 2023, 145.

135 In diesem Sinne *von Roetteken*, NZA-RR 2024, 169 (172 f.); *Winter*, EuZA 2024, 140 (144).

gelegt werden, dazu B.II.2.c)cc).[136] Die Entgeltsysteme sind gem. Art. 4 Abs. 4 S. 4 EntgTransp-RL auf objektive, geschlechtsneutrale Weise anzuwenden, wobei jede unmittelbare oder mittelbare Diskriminierung aufgrund des Geschlechts auszuschließen ist. Die Richtlinie räumt die bestehenden Spielräume auch im richtlinienkonformen und optimalen Entgeltsystem implizit ein, indem die bewertenden Personen zusätzlichen Rechtspflichten unterworfen werden, um Diskriminierungen zu verhindern.[137]

Der Vergleichsmaßstab bei der Bewertung wurde in Anlehnung an die bisherige Rechtsprechung des EuGH kodifiziert.[138] Entscheidend ist gem. Art. 19 Abs. 1 EntgTransp-RL eine einheitliche Quelle, die alle für den Vergleich zwischen Arbeitnehmern relevanten Elemente des Entgelts festlegt.[139] Unerheblich ist nach Art. 19 Abs. 2 EntgTransp-RL, ob die Vergleichsarbeitnehmer zeitgleich beschäftigt sind. Gem. Art. 19 Abs. 3 i.V.m. EG Nr. 28 EntgTransp-RL können andere Beweismittel zum Nachweis einer mutmaßlichen Entgeltdiskriminierung herangezogen werden, wenn keine echte Vergleichsperson ermittelt werden kann, einschließlich Statistiken oder eines Vergleichs darüber, wie ein Arbeitnehmer in einer vergleichbaren Situation behandelt würde.

c) Entgeltsysteme

Zentrale Bedeutung für die Gleichwertigkeit von Arbeit haben die neuen Bestimmungen zu Entgeltsystemen bzw. Vergütungsstrukturen.

---

136 So auch *Winter*, EuZA 2024, 140 (144).

137 Diesbezüglich erheblichen Schulungsbedarf erkennend *Winter*, in: Franzen/Gallner/Oetker, RL (EU) 2023/970, Art. 4 Rn. 26.

138 Vgl. *Rolfs/Lex*, NZA 2023, 1353 (1355); siehe auch *Benecke*, EuZA 2024, 263 (274).

139 Erfasst sind etwa von Arbeitgeberverbänden arbeitgeberübergreifend abgeschlossene Tarifverträge oder die vom Gesetzgeber arbeitgeberübergreifend gesetzten Besoldungsbestimmungen, vgl. *Winter*, NZA 2024, 8 (17).

aa) Verpflichtung zum Entgeltsystem, Art. 4 Abs. 1, 2 EntgTransp-RL

Gem. Art. 4 Abs. 1 EntgTransp-RL ergreifen die Mitgliedstaaten die notwendigen Maßnahmen, um sicherzustellen, dass Arbeitgeber über Vergütungsstrukturen verfügen, durch die gleiches Entgelt bei gleicher oder gleichwertiger Arbeit gewährleistet wird. Die Entgeltsysteme in diesem Sinne können tarifvertraglicher oder anderer Natur sein, etwa in Form gesetzlicher Verankerung bei Beamten und dienen der Sicherstellung des Auftrags gem. Art. 157 Abs. 1 AEUV zur Herstellung der Entgeltgleichheit.[140] Im Licht des EG Nr. 26 S. 1 EntgTransp-RL folgt daraus, dass Arbeitgeber dazu verpflichtet sind, entsprechende Vergütungsstrukturen und Entgeltsysteme festzulegen, soweit diese nicht bestehen.[141]

In Anknüpfung daran ist den Mitgliedstaaten aufgegeben, Instrumente oder Methoden zu entwickeln, um Arbeit bewerten und den Wert verschiedener Tätigkeiten vergleichen zu können, Art. 4 Abs. 2 EntgTransp-RL.[142] Gem. Art. 4 Abs. 2 S. 3 EntgTransp-RL müssen es diese Instrumente oder Methoden Arbeitgebern bzw. Sozialpartnern ermöglichen, Systeme zur geschlechtsneutralen Arbeitsbewertung und beruflichen Einstufung leicht einzurichten und zu verwenden. Nach Art. 4 Abs. 2 S. 1 EntgTransp-RL sind diese unter leichter Zugänglichkeit durch die Mitgliedstaaten entsprechend verfügbar zu machen.

140 *von Roetteken*, NZA-RR 2024, 169 (171) mit Verweis auf Art. 4 Abs. 2 S. 2 EntgTransp-RL; *Winter*, in: Franzen/Gallner/Oetker, RL (EU) 2023/970, Art. 4 Rn. 8; *Winter*, EuZA 2024, 140 (145).

141 *Winter*, in: Franzen/Gallner/Oetker, RL (EU) 2023/970, Art. 4 Rn. 20; diese Verpflichtung fügt sich in die Pflicht zur proaktiven Problemlösung ein, siehe auch Rn. 6, 15 sowie *dies.*, NZA 2024, 8 (9).

142 Vgl. *Krause*, in: Kiel/Lunk/Oetker, § 60 Rn. 54; dazu auch *Winter*, in: Franzen/Gallner/Oetker, RL (EU) 2023/970, Art. 4 Rn. 9.

bb) Leitlinien der Kommission, Art. 4 Abs. 3 EntgTransp-RL

Die Kommission kann gem. Art. 4 Abs. 3 EntgTransp-RL im Benehmen mit dem Europäischen Institut für Gleichstellungsfragen unionsweite Leitlinien in Bezug auf Systeme zur geschlechtsneutralen Arbeitsbewertung und beruflichen Einstufung aktualisieren, Vorläufer ist der „Leitfaden zur Anwendung des Grundsatzes des gleichen Entgelts für Männer und Frauen bei gleichwertiger Arbeit" vom 17. Juli 1996.[143] Nach EG Nr. 26 S. 3 EntgTransp-RL sollen die Vergütungsstrukturen auf bestehende Leitlinien der Union in Bezug auf Systeme zur geschlechtsneutralen Arbeitsbewertung und beruflichen Einstufung oder auf Indikatoren bzw. geschlechtsneutrale Modelle aufgebaut werden können. Den Leitlinien kommt derart mittelbare Bedeutung außerhalb einer Rechtsaktqualität gem. Art. 288 AEUV zu.

cc) Inhaltliche Vorgaben des Art. 4 Abs. 4 EntgTransp-RL

Konkrete inhaltliche Vorgaben finden sich in Art. 4 Abs. 4 EntgTransp-RL. Nach Art. 4 Abs. 4 S. 1 EntgTransp-RL sind Entgeltstrukturen so zu beschaffen, dass anhand objektiver, geschlechtsneutraler und mit den Arbeitnehmervertretern vereinbarter Kriterien, sofern es solche Vertreter gibt, beurteilt werden kann, ob sich die Arbeitnehmer im Hinblick auf den Wert der Arbeit in einer vergleichbaren Situation befinden. Die Bestimmung kodifiziert und präzisiert die bisherige Rechtsprechung des EuGH sowie Art. 4 RL 2006/54/EG und Art. 157 Abs. 1 und 2 AEUV, insoweit nimmt die EntgTransp-RL in EG Nr. 52 S. 3 ausdrücklich auf die Rechtsprechung des EuGH Bezug.[144]

Die zu berücksichtigenden Kriterien umfassen gem. Art. 4 Abs. 4 S. 3 EntgTransp-RL die Kompetenzen, Belastungen, Verantwortung

143 *Winter*, in: Franzen/Gallner/Oetker, RL (EU) 2023/970, Art. 4 Rn. 10 mit Verweis auf KOM(96) 448 endg., gemeint ist KOM(96) 336 endg.

144 *von Roetteken*, NZA-RR 2024, 169 (171 f.).

und Arbeitsbedingungen der Arbeitnehmer[145] sowie zusätzlich ggf. weitere Faktoren, die für den konkreten Arbeitsplatz oder die konkrete Position relevant sind, vgl. EG Nr. 26 S. 8 EntgTransp-RL.[146] Da nicht alle Faktoren für eine bestimmte Position gleichermaßen entscheidend sind, sieht EG Nr. 26 S. 7 EntgTransp-RL vor, dass jeder der vier Faktoren des Art. 4 Abs. 4 S. 3 EntgTransp-RL vom Arbeitgeber nach Maßgabe der Relevanz dieser Kriterien für den jeweiligen Arbeitsplatz bzw. die Position gewichtet werden sollte.

Nach EG Nr. 26 S. 2 und 4 EntgTransp-RL bleibt es im Einklang mit der Rechtsprechung des EuGH bei einer Bewertung und einem Vergleich des Wertes der Arbeit anhand objektiver Kriterien, diese schließen nunmehr ausdrücklich die mit der Arbeit verbundenen beruflichen Anforderungen, die Bildungs-, Aus- und Weiterbildungsanforderungen, die Kompetenzen, die Belastungen, die Verantwortung und die Arbeitsbedingungen ein. Diese ausführlicheren Kriterien wurden gem. EG Nr. 26 S. 6 EntgTransp-RL in den bestehenden Leitlinien der Union als wesentlich und ausreichend für die Bewertung der in einer Organisation ausgeführten Aufgaben ermittelt, unabhängig davon, zu welchem Wirtschaftszweig die Organisation gehört. Die Kriterien des Art. 4 Abs. 4 S. 3 EntgTransp-RL werden so in den Erwägungsgründen präzisiert, indessen nicht erweitert, da die beruflichen Anforderungen und die Bildungsanforderungen sich dem Bereich der für den Arbeitsplatz bzw. die Position relevanten Kompetenzen fachlicher, sozialer und persönlicher Art zuordnen lassen.[147]

Die Kriterien dürfen weder in unmittelbarem noch in mittelbarem Zusammenhang mit dem Geschlecht der Arbeitnehmer stehen, Art. 4 Abs. 4 S. 2 EntgTransp-RL. Fraglich ist, ob die Regelung jede Verwen-

145 Diese Faktoren dürften mit den nach General Comment Nr. 23 des WSK-Ausschusses im Rahmen des Art. 7 lit. a) Ziff. i) IPWSKR zugrunde zu legenden Faktoren übereinstimmen, vgl. *Herbig*, Eingruppierung, S. 102 Fn. 58 und unter B.I.2.

146 In diesem Sinne sind die Kriterien also nicht eindeutig festgelegt, vgl. *Marek/Sawodny*, ArbRAktuell 2023, 397.

147 Vgl. *Thies*, in: Henssler/Willemsen/Kalb, EntgTranspG, § 4 Rn. 3; *von Roetteken*, NZA-RR 2024, 169 (172).

dung mittelbar geschlechtsbezogener Kriterien wie beispielsweise die Körperkraft ausschließt, oder ob eine Kompensation der nachteiligen Wirkung über Kriterien mit umgekehrter Wirkung zulässig bleibt, so dass sich das Entgeltbewertungssystem in seiner Gesamtheit als geschlechtsneutral und objektiv erweist.[148] Die Berücksichtigung sozialer Kompetenzen ist in Art. 4 Abs. 4 S. 5 EntgTransp-RL ausdrücklich vorgesehen, wobei die Regelung als Korrektur eines geschlechtertypischen Fehler einer traditionell an männlichen Kompetenzen ausgerichteten Arbeitsbewertung darstellt.[149] Die Bestimmungen sind im Bewusstsein des EG Nr. 31 EntgTransp-RL zu lesen.

Nach EG Nr. 31 S. 1 EntgTransp-RL können Systeme zur beruflichen Einstufung und Arbeitsbewertung zu geschlechtsspezifischer Entgeltdiskriminierung führen, wenn sie nicht geschlechtsneutral eingesetzt werden, insbesondere wenn sie von traditionellen Geschlechterstereotypen ausgehen. Gem. EG Nr. 31 S. 3 EntgTransp-RL tragen geschlechtsneutrale Systeme zur Arbeitsbewertung und beruflichen Einstufung hingegen wirksam zur Schaffung eines transparenten Entgeltsystems bei und gewährleisten, dass unmittelbare oder mittelbare Diskriminierung aufgrund des Geschlechts ausgeschlossen wird.

Die Probleme bei der Feststellung der Gleichwertigkeit von Arbeit will der Unionsgesetzgeber entscheidend über die Konkretisierung der inhaltlichen Kriterien i.S.d. Art. 4 Abs. 4 EntgTransp-RL i.V.m. der Pflicht zu Entgeltsystemen gem. Art. 4 Abs. 1 und 2 EntgTransp-RL bewältigen.[150]

148 *von Roetteken*, NZA-RR 2024, 169 (172) m.w.N. auch für die Zulässigkeit einer solchen Gestaltungsmöglichkeit nach aktueller Rechtsprechung des EuGH; vgl. auch *Rolfs/Lex*, NZA 2023, 1353 (1354 f.) und unter B.II.1.b).

149 Vgl. *von Roetteken*, NZA-RR 2024, 169 (172 f.).

150 *Krause*, in: Kiel/Lunk/Oetker, § 60 Rn. 54.

dd) Berücksichtigung besonderer Belange nach Unternehmensgröße

Abschließend bleibt darauf zu verweisen, dass die Richtlinie diverse Privilegierungen in Abhängigkeit von der Unternehmensgröße vorsieht. Nach den EG Nr. 20, 26, 30, 34, 35 und 65 EntgTransp-RL sind die Vorgaben auf die Berücksichtigung der Bedarfe von Kleinstunternehmen bzw. kleinen und mittleren Unternehmen zugeschnitten.[151] Die Anforderungen an die Entgeltsysteme wurden zwecks erleichterter Anwendung auf die vier zwingenden Faktoren des Art. 4 Abs. 4 S. 3 EntgTransp-RL begrenzt, vgl. EG Nr. 26 S. 5 EntgTransp-RL.

d) Prozessuale Besonderheiten

Die EntgTransp-RL konstituiert in Art. 14 ff. umfangreiche Vorgaben für den Rechtsschutz betroffener Arbeitnehmer. Neben dem bereits im Rahmen des Bewertungsverfahren hervorgehobenen Art. 19 EntgTransp-RL sind vornehmlich die Regelungen des Art. 18 EntgTransp-RL relevant, der zwei Fälle der Beweislastumkehr regelt.[152] Im Übrigen bleibt es beim Grundsatz, dass die Feststellung der Gleichwertigkeit von Arbeit der Tatsachenwürdigung der nationalen Gerichte obliegt, ohne dass Arbeitgebern oder Dienstherren ein Ermessen oder Beurteilungsspielraum zukommt.[153]

Nach Art. 18 Abs. 1 EntgTransp-RL hat der Arbeitgeber nachzuweisen, dass keine (un-)mittelbare Entgeltdiskriminierung vorliegt, wenn der Arbeitnehmer Tatsachen glaubhaft macht, die eine solche vermuten lassen.[154] Ob die ggf. durch einen Auskunftsanspruch ermittelte Ent-

151 Zusammenfassend *Winter*, in: Franzen/Gallner/Oetker, RL (EU) 2023/970, Art. 4 Rn. 14; siehe auch *dies.*, EuZA 2024, 140.

152 *Rolfs/Lex*, NZA 2023, 1353 (1358); vgl. *von Roetteken*, NZA-RR 2024, 169 (171): Verlagerung der Darlegungs- und Beweislast in Bezug auf Art. 18 Abs. 2 EntgTransp-RL; zum Richtlinienentwurf schon *Husemann*, EuZA 2022, 166 (181).

153 *von Roetteken*, NZA-RR 2024, 169 (171).

154 Mit Bezug auf das Tarifvertragsrecht *Herbig*, Eingruppierung, S. 131 f.

gelthöhe unionsrechtlich ausreicht, bleibt offen.[155] Diese Grundsätze sind aus der bestehenden Judikatur bekannt.

Weitergehend statuiert Art. 18 Abs. 2 EntgTransp-RL, dass eine Beweislastumkehr zugunsten des Arbeitnehmers stattfindet, wenn der Arbeitgeber Pflichten im Zusammenhang mit der Entgelttransparenz nach Art. 5, 6, 7, 9 und 10 EntgTransp-RL nicht erfüllt. Dies gilt i.S.d. EG Nr. 52 EntgTransp-RL nur dann nicht, wenn der Arbeitgeber nachweist, dass entweder der Verstoß geringfügig und offensichtlich unbeabsichtigt war oder gerade keine (un-)mittelbare Entgeltdiskriminierung vorliegt.[156]

Weitergehend stellt sich die Frage, wie das Fehlen eines Entgeltsystems als Verstoß gegen die künftige Pflicht zur Vorhaltung entsprechender Vergütungsstrukturen entsprechend Art. 4 Abs. 1 EntgTransp-RL zu beurteilen ist. Im Schrifttum wird mit Verweis auf EG Nr. 52 S. 3 EntgTransp-RL überzeugend vorgeschlagen, dass ein Rückgriff auf die anerkannte Fallgruppe der Undurchschaubarkeit eines Entgeltsystems[157] erfolgen kann, so dass eine Verschiebung der Darlegungs- und Beweislast zulasten des Arbeitgebers stattfindet.[158]

e) Ergänzung durch mitgliedstaatliches Recht

Die Richtlinie überlasst maßgeblich den Mitgliedstaaten die Entwicklung von Instrumenten und Methoden, anhand derer beurteilt werden kann, ob gleichwertige Arbeit gegeben ist.[159] Die unter B.II.2.c)aa) skizzierten Verpflichtungen der Mitgliedstaaten erfordern ein Tätigwerden auch der Tarifvertragsparteien.[160]

Der bestehende Kriterienkatalog wird im Hinblick auf die Bestimmung gleichwertiger Arbeit zwar erweitert und in diesem Sinne präzi-

---

155 *Günther/Schiffelholz*, NZA-RR 2023, 568 (573); vgl. auch *Benecke*, EuZA 2024, 263 (274 f.).

156 *Rolfs/Lex*, NZA 2023, 1353 (1358); *von Roetteken*, NZA-RR 2024, 169 (171, 175).

157 Vgl. B.II.1.b) und c).

158 *von Roetteken*, NZA-RR 2024, 169 (172).

159 *Jung*, RdA 2024, 89 (90 f.); *Marek/Sawodny*, ArbRAktuell 2023, 397.

160 *Krause*, in: Kiel/Lunk/Oetker, § 60 Rn. 54, *Rolfs*, EuZW 2023, 489 (490).

siert, es bleibt andererseits bei einer Verlagerung der entscheidenden Fragen auf die Mitgliedstaaten und den bestehenden Unsicherheiten in der praktischen Anwendung.[161] Die objektiven Kriterien schaffen durch die nur beispielhafte Enumeration und die vagen und uneinheitlichen Definitionsansätze keine Rechtssicherheit.[162] Der Streit um die richtige Bewertungsmethode setzt sich bei der EntgTransp-RL fort. Diverse Auffassungen im Schrifttum gehen hinsichtlich der Regelungen der Richtlinie davon aus, dass ein analytisches Verfahren notwendig sei.[163] Den neuen Bestimmungen der EntgTransp-RL dürfte aber keine streitentscheidende Wirkung zukommen. Wie ausgeführt ist Art. 4 Abs. 4 S. 1 EntgTransp-RL i.V.m. Art. 4 Abs. 2 S. 2 EntgTransp-RL kein wirklich neuer Regelungsgehalt zu entnehmen.

Hier darf von Seiten des Unionsgesetzgebers durchaus Absicht unterstellt werden. Im Gesetzgebungsverfahren hat sich etwa der Europäische Wirtschafts- und Sozialausschuss in der Sache dahingehend geäußert, dass eine genaue Benennung der Kriterien den Sozialpartnern zu überlassen ist.[164] Befürworter einer umfassenden unionalen Regelung sollten sich darüber hinaus vor Augen halten, dass die Union gem. Art. 153 AEUV keine Kompetenz im Bereich des Arbeitsentgelts hat, sondern auf das Antidiskriminierungsrecht beschränkt ist. Nach dem Subsidiaritätsprinzip gem. Art. 5 Abs. 3 EUV wird die Union in den Bereichen, die nicht in ihre ausschließliche Zuständigkeit fallen, nur tätig, sofern und soweit die Ziele der in Betracht gezogenen Maßnahmen von den Mitgliedstaaten weder auf zentraler noch auf regionaler oder lokaler Ebene ausreichend verwirklicht werden können, sondern vielmehr wegen ihres Umfangs oder ihrer Wirkungen auf Unionsebene

161 So zum Richtlinienentwurf *Husemann*, EuZA 2022, 166 (175).

162 *Rolfs/Lex*, NZA 2023, 1353 (1354).

163 Vgl. nur *von Roetteken*, NZA-RR 2024, 169 (172 f.); *Winter*, NZA 2024, 8 (16 f.); *dies.*, in: Franzen/Gallner/Oetker, RL (EU) 2023/970, Art. 4 Rn. 15 ff.

164 Stellungnahme des Europäischen Wirtschafts- und Sozialausschusses zum Vorschlag für eine Richtlinie des Europäischen Parlaments und des Rates zur Stärkung der Anwendung des Grundsatzes des gleichen Entgelts für Männer und Frauen bei gleicher oder gleichwertiger Arbeit durch Lohntransparenz und Durchsetzungsmechanismen, ABl. (EU) 2021 C 341, S. 84 Pkt. 4.2.2 und 4.2.3.

besser zu verwirklichen sind.[165] Im Bereich der Wertigkeit von Arbeit bestehen ganz unterschiedliche mitgliedstaatliche Traditionen.[166] Eine Einheitslösung auf unionaler Ebene ist aus Sicht des Antidiskriminierungsrechts nicht erforderlich. Die unionale Zurückhaltung ist unter kompetenziellen Gesichtspunkten zu begrüßen.

3. Besondere Diskriminierungsverbote im Übrigen

Das Unionsrecht kennt weitere besondere Diskriminierungsverbote mit Blick auf das Arbeitsentgelt und zumindest mittelbaren Bezügen zur Gleichwertigkeit von Arbeit.

a) Gl-Rahmen-RL und Antirassismus-RL

Die Gl-Rahmen-RL[167] sieht in ihrem Art. 1 als geschützte Merkmale die Religion oder Weltanschauung, eine Behinderung, das Alter und die sexuelle Ausrichtung der Beschäftigten vor. Eine dem Diskriminierungsverbot des Art. 2 Abs. 2 lit. a) Gl-Rahmen-RL unterfallende unmittelbare Diskriminierung setzt voraus, dass sich der weniger günstig behandelte Anspruchsteller in einer identischen oder jedenfalls vergleichbaren Lage befindet.[168] Die Prüfung dieser Vergleichbarkeit

165 Dazu bspw. *Bickenbach*, EuR 2013, 523 und *Streinz*, in: Streinz, EUV, Art. 5 Rn. 20 ff. jeweils m.w.N.

166 Vgl. etwa *Krebber*, in: Callies/Ruffert, AEUV, Art. 157 Rn. 55 m.w.N.; unter Verweis darauf *Franzen*, in: Franzen/Gallner/Oetker, AEUV, Art. 157 Rn. 32.

167 Richtlinie 2000/78/EG des Rates v. 27.11.2000 zur Festlegung eines allgemeinen Rahmens für die Verwirklichung der Gleichbehandlung in Beschäftigung und Beruf, ABl. (EG) L 303, S. 16; revidiert durch Richtlinie 2002/73/EG des Europäischen Parlaments und des Rates v. 23.9.2002 zur Änderung der Richtlinie 76/207/EWG des Rates zur Verwirklichung des Grundsatzes der Gleichbehandlung von Männern und Frauen hinsichtlich des Zugangs zur Beschäftigung, zur Berufsbildung und zum beruflichen Aufstieg sowie in Bezug auf die Arbeitsbedingungen, ABl. (EG) L 269, S. 15.

168 St. Rspr., vgl. EuGH, Rs. C-267/06 (Maruko), ECLI:EU:C:2008:179, Rn. 67 ff.; Rs. C-147/08 (Römer), ECLI:EU:C:2011:286, Rn. 42; Rs. C-267/12 (Hay), ECLI:EU:C:2013:823, Rn. 32 ff.; Rs. C-19/02 (Hlozek), ECLI:EU:C:2004:779, Rn. 44 ff.

muss spezifisch und konkret für die betreffende Leistung erfolgen.[169] Der Oberbegriff der „gleichen oder gleichwertigen Arbeit“ des Art. 157 Abs. 1 AEUV kommt zum Tragen.[170] In Bezug auf Fragen der Entgeltdiskriminierung können die Grundsätze der Rechtsprechung des EuGH zur Entgeltgleichheit herangezogen werden, weitergehend kommen hypothetische Vergleichspersonen in Betracht.[171]

Die Antirassismus-RL[172] dient gem. Art. 1 der Bekämpfung von Diskriminierung aufgrund der Rasse oder der ethnischen Herkunft. Angesichts der bestehenden Deckungsgleichheit kann auf die Vorgaben der Gl-Rahmen-RL entsprechend verwiesen werden.[173]

Der EuGH legt die Regelungen über die Darlegungs- und Beweislast in Form der Art. 8 Abs. 1 Antirassismus-RL, Art. 10 Abs. 1 Gl-Rahmen-RL und Art. 19 Abs. 1 RL 2006/54/EG übereinstimmend aus, da der europäische Normgeber mit diesen Vorschriften die Rechtsprechung des EuGH zum Diskriminierungsverbot wegen des Geschlechts rezipiert hat.[174] Im Wesentlichen kann auf die prozessualen Besonderheiten des Gleichstellungsrechts verwiesen werden, vgl. B.II.1.c).

b) Teilzeit und Befristung

In den Bereichen des Teilzeitarbeits- und Befristungsrechts finden sich besondere Diskriminierungsverbote. Es handelt sich jeweils um Richtlinienrecht, dass die zwischen den allgemeinen branchenübergreifenden Organisationen (EGB, UNICE, CEEP) geschlossenen Rahmenver-

---

169 Vgl. EuGH, Rs. C-193/17 (Cresco Investigation), ECLI:EU:C:2019:43, Rn. 43; vgl. auch *Mohr*, in: Franzen/Gallner/Oetker, RL 2000/78/EG, Art. 2 Rn. 20.

170 *Mohr*, Schutz vor Diskriminierungen, S. 228 ff. m.w.N.

171 *Mohr*, in: Franzen/Gallner/Oetker, RL 2000/78/EG, Art. 3 Rn. 22 ff. m.w.N.

172 Richtlinie 2000/43/EG des Rates v. 29.6.2000 zur Anwendung des Gleichbehandlungsgrundsatzes ohne Unterschied der Rasse oder der ethnischen Herkunft, ABl. (EG) L 180, S. 22.

173 *Mohr*, in: Franzen/Gallner/Oetker, RL 2000/43/EG, Art. 3 Rn. 3.

174 Vgl. *Mohr*, in: Franzen/Gallner/Oetker, RL 2000/78/EG, Art. 10 Rn. 1 m.w.N. und im Einzelnen Rn. 3 ff. m.w.N., offen für die neue EntgTransp-RL.

einbarungen durchführen soll, vgl. Art. 1 RL 1999/70/EG[175] und Art. 1 RL 97/81/EG[176].[177] Von besonderer Bedeutung ist das jeweils in Paragraph 4 Nr. 1 der Rahmenvereinbarungen enthaltene Diskriminierungsverbot gegenüber vergleichbaren Dauer- bzw. Vollzeitbeschäftigten, das im sachlichen Anwendungsbereich das Arbeitsentgelt umfasst.[178]

Die vergleichbaren Beschäftigten werden jeweils in Paragraph 3 Nr. 2 der Rahmenvereinbarungen definiert. Die Bestimmungen enthalten Vorgaben für ein Vorhandensein tauglicher Vergleichspersonen in demselben Betrieb und zur Vorgehensweise bei deren Abwesenheit. Entscheidend ist demnach jeweils primär eine Vergleichsperson mit gleicher oder ähnlicher Arbeit bzw. Beschäftigung, wobei weitere, auch personale Faktoren heranzuziehen sind. Bei deren Fehlen ist hypothetisch auf einen anwendbaren Tarifvertrag oder in Ermangelung eines solchen auf die gesetzlichen oder tarifvertraglichen Bestimmungen oder Gepflogenheiten abzustellen.

Die Diskriminierungsverbote gem. Paragraph 4 Nr. 1 der Rahmenvereinbarungen sind enger und verlangen unter anderem, dass sich das so ermittelte Vergleichspaar in einer vergleichbaren Situation befinden muss.[179] Die Prüfung beschränkt sich nicht auf die Legaldefinitionen der Vergleichsperson, sondern verlangt, dass Wesen und Zweck der

175 Richtlinie 1999/70/EG des Rates v. 28.6.1999 zu der UNICE-CEEP-EGB-Rahmenvereinbarung über befristete Arbeitsverträge, ABl. (EG) L 175, S. 43.

176 Richtlinie 97/81/EG des Rates v. 15.12.1997 zu der von UNICE, CEEP und EGB geschlossenen Rahmenvereinigung über Teilzeitarbeit, ABl. (EG) L 14, S. 9.

177 Zum Zusammenspiel von Richtlinie und Rahmenvereinbarung siehe etwa *Krebber*, in: Franzen/Gallner/Oetker, RL 1999/70/EG, Art. 1 Rn. 1 f. m.w.N.

178 Vgl. für das Befristungsrecht EuGH, Rs. C-307/05 (Del Cerro Alonso), ECLI:EU:C:2007:509, Rn. 31 ff., Rs. C-268/06 (Impact), ECLI:EU:C:2008:223, Rn. 105 ff.; für das Recht der Teilzeitarbeit EuGH, verb. Rs. C-395/08 und C-396/08 (Bruno u.a.), ECLI:EU:C:2010:329, Rn. 32 ff.

179 Vgl. für das Befristungsrecht EuGH, verb. Rs. C-302/11 bis C-305/11 (Valenza u.a.), ECLI:EU:C:2012:646, Rn. 39 ff., Rs. C-361/12 (Carratù), ECLI:EU:C:2013:830, Rn. 39 ff., Rs. C-89/13 (D'Aniello u.a.), ECLI:EU:C:2014:299, Rn. 23 ff.; für das Recht der Teilzeitarbeit EuGH, Rs. C-249/97 (Gruber), ECLI:EU:C:1999:405, Rn. 27 ff.

in Frage stehenden Maßnahme besonders berücksichtigt werden.[180] Der EuGH gelangt gem. Paragraph 3 Nr. 2 und 4 Nr. 1 der Rahmenvereinbarungen zu der aus dem Recht der Entgeltgleichheit bekannten Formel, dass bei der Feststellung gleicher oder ähnlicher Arbeit zu prüfen ist, ob Arbeitnehmer unter Zugrundelegung einer Gesamtheit von Faktoren wie Art der Arbeit, Ausbildungsanforderungen und Arbeitsbedingungen als in einer vergleichbaren Situation befindlich angesehen werden können.[181] Die Grundsätze der ständigen Rechtsprechung des EuGH sind für den Bereich der gleichwertigen Arbeit generell zu übertragen.[182]

c) Arbeitnehmerüberlassung, Art. 5 Abs. 1 und 2 RL 2008/104/EG

Gem. Art. 5 Abs. 1 RL 2008/104/EG gilt der Grundsatz der Gleichbehandlung für die wesentlichen Arbeits- und Beschäftigungsbedingungen der Leiharbeitnehmer während der Dauer ihrer Überlassung an ein entleihendes Unternehmen im Verhältnis zur Stammbelegschaft. Es gilt eine hypothetische, arbeitsplatzbezogene Betrachtungsweise, mithin ist die fiktive Direktanstellung unter Heranziehung der Vorgaben des Art. 3 Abs. 1 lit. f) RL 2008/104/EG entscheidend.[183] Die Bestimmung der Arbeitsbedingungen einschließlich des Arbeitsentgelts gestaltet sich wegen der Allgemeinheit der heranzuziehenden Vorgaben in der Regel unproblematisch, da ein vergleichbarer Arbeitnehmer nicht notwendig ist.[184]

---

180 Vgl. etwa *Kietaibl*, in: Franzen/Gallner/Oetker, RL 97/81/EG, Anhang § 4 Rn. 12 für das Recht der Teilzeitarbeit; *Krebber*, in: Franzen/Gallner/Oetker, RL 1999/70/EG, Anhang § 4 Rn. 12 für das Befristungsrecht.

181 St. Rspr. im Befristungsrecht, vgl. EuGH, Rs. C-677/16 (Montero Mateos), ECLI: EU:C:2018:393, Rn. 51 m.w.N.

182 Vgl. *Kietaibl*, in: Franzen/Gallner/Oetker, RL 97/81/EG, Anhang § 3 Rn. 9 m.w.N. für das Recht der Teilzeitarbeit; im Ergebnis soll es deshalb zu Überschneidungen mit dem Gleichstellungsrecht kommen, vgl. *Krause*, in: Kiel/Lunk/Oetker, § 60 Rn. 47.

183 *Sansone*, Gleichstellung, S. 514 f.; siehe auch *Hamann*, EuZA 2009, 287 (306).

184 *Kolbe*, in: Franzen/Gallner/Oetker, RL 2008/104/EG, Art. 5 Rn. 6 mit Verweis auf *Thüsing/Stiebert*, ZESAR 2012, 199 (203).

Auf der anderen Seite kann das Arbeitsentgelt gem. Art. 5 Abs. 2 RL 2008/104/EG unter bestimmten Voraussetzungen aus dem Gleichbehandlungsgebot ausgenommen werden, insbesondere muss der Leiharbeitnehmer unbefristet beim Leiharbeitsunternehmen beschäftigt sein.[185] Nach Art. 5 Abs. 3 RL 2008/104/EG kann das Gleichbehandlungsgebot unter Achtung des Gesamtschutzes von Leiharbeitnehmern auch durch nationale Tarifverträge eingeschränkt werden, wobei nach der Rechtsprechung des EuGH eine Ausgleichsleistung notwendig wird, die in allen wesentlichen Arbeitsbedingungen i.S.d. Art. 3 RL 2008/104/EG liegen kann.[186]

Eine Bestimmung der Wertigkeit von Arbeit ist somit nicht erforderlich. In diesem Sinne stellt das unionale Arbeitnehmerüberlassungsrecht statt auf den kennzeichnenden Vergleich zur Bestimmung gleichwertiger Arbeit auf die vorbeschriebene hypothetische Betrachtung ab. Andererseits bleibt auf die Ausformung im deutschen Recht zu verweisen, dazu nachfolgend unter B.III.2.c).

d) Arbeitnehmerfreizügigkeit, Art. 45 AEUV i.V.m. Art. 7 VO (EU) Nr. 492/2011

Die Grundfreiheit der Arbeitnehmerfreizügigkeit gem. Art. 45 AEUV wird in ihrer Konkretisierung durch Art. 7 VO (EU) Nr. 492/2011[187] im Schrifttum als Gebot relativer Lohngerechtigkeit im Hinblick auf die Staatsangehörigkeit beurteilt.[188] Nach ständiger Rechtsprechung des EuGH ist ein Arbeitnehmer in autonomer und einheitlicher Auslegung des Unionsrechts eine Person, die „während einer bestimmten Zeit für

---

185 Überblick bei *Kolbe*, in: Franzen/Gallner/Oetker, RL 2008/104/EG, Art. 5 Rn. 14 ff. m.w.N.

186 Vgl. bspw. *Koch*, in: Schaub, § 120 Rn. 50a m.w.N. auch zur weiterführenden Rechtsprechung des BAG.

187 Verordnung (EU) Nr. 492/2011 des Europäischen Parlaments und des Rates v. 5.4.2011 über die Freizügigkeit der Arbeitnehmer innerhalb der Union, ABl. (EU) L 141, S. 1.

188 Vgl. *Krause*, in: Kiel/Lunk/Oetker, § 60 Rn. 50.

einen anderen nach dessen Weisungen Leistungen erbringt, für die diese als Gegenleistung eine Vergütung erhält".[189]

Während Art. 7 Abs. 4 VO (EU) Nr. 492/2011 ausdrücklich die Drittwirkung für Bestimmungen in Individualarbeitsverträgen und Kollektivvereinbarungen anordnet, entfaltet Art. 45 AEUV selbst generell Drittwirkung hinsichtlich der Regelungen zwischen Privatrechtssubjekten.[190] Eine Aufhängung der Gewährleistungen der Arbeitnehmerfreizügigkeit an gleichwertiger Arbeit ist bislang nicht ersichtlich. Stattdessen wird auf konkrete Vergünstigungen aufgrund des Arbeitsverhältnisses bzw. Diskriminierungen im Einzelfall abgestellt.[191] Die Gleichwertigkeit von Arbeit kann insofern relevant werden, wenn Vergünstigungen bzw. Benachteiligungen an die Gleichwertigkeit von Arbeit geknüpft werden. Die Arbeitnehmerfreizügigkeit unterscheidet sich jedoch nicht von allgemeinen Diskriminierungsverboten im Übrigen.

III. Rechtliche Vorgaben auf nationaler Ebene

Auch auf nationaler Ebene können die Bestimmungen in solche bezüglich der absoluten und der relativen Entgelthöhe differenziert werden. In den ersten Bereich fallen die Bestimmungen des MiLoG sowie der „richterliche Mindestlohn" i.S.d. Kontrolle von Entgeltabreden.[192] Diese zielen auf die Grenze der Sittenwidrigkeit ab und sind kein „gerechter Lohn" oder etwa unterhaltsdeckend konstituiert.[193]

Im Bereich der relativen Entgelthöhe finden sich eine Vielzahl an differenten Vorgaben zur Lohngerechtigkeit. Die deutsche Rechtsord-

189 St. Rspr., vgl. EuGH, Rs. 53/81 (Levin/Staatssecretaris van Justitie), ECLI:EU:C:1982:105, Rn. 11 ff.; Rs. 66/85 (Lawrie-Blum/Land Baden-Württemberg), ECLI:EU:C:1986:284, Rn. 17; dazu etwa *Franzen*, in: Streinz, AEUV, Art. 45 Rn. 15 m.w.N.

190 St. Rspr., vgl. EuGH, Rs. 36/74 (Walrave und Koch/Association Union Cycliste Internationale u.a.), ECLI:EU:C:1974:140, Rn. 17 f.; ablehnend und zum Streitstand *Franzen*, in: Streinz, AEUV, Art. 45 Rn. 92 ff. m.w.N.

191 Vgl. etwa EuGH, Rs. C-224/01 (Köbler), ECLI:EU:C:2003:513, Rn. 70 ff.; *Brechmann*, in: Callies/Ruffert, AEUV, Art. 45 Rn. 62 m.w.N.

192 Ausführlich und auch zur Historie *Krause*, in: Kiel/Lunk/Oetker, § 60 Rn. 31 ff.

193 Vgl. *Wank*, in: FS-Buchner, S. 898 (915).

nung kennt aber keinen allgemeinen Grundsatz dahingehend, dass für gleiche Arbeit gleicher Lohn zu zahlen ist.[194] Dementsprechend beruhen in diese Richtung zielende Regelungen maßgeblich auf besonderen Diskriminierungsverboten bzw. Gleichbehandlungsgeboten und dementsprechend zumeist auf unionsrechtlichen Vorgaben, die bereits erörtert wurden.

1. EntgTranspG

Herausragende Bedeutung für die Lohngerechtigkeit unter dem Aspekt der Gleichwertigkeit von Arbeit hat die Entgeltgleichheit zwischen Männern und Frauen in ihrer unionsrechtlichen Determinierung, die auf nationaler Ebene vor allem durch das Bundesrecht in Form des AGG[195] und EntgTranspG[196] geprägt wurde.[197] Dem deutschen Gesetzgeber werden im Schrifttum gleichzeitig eine Übererfüllung und Defizite bei der Umsetzung der unionalen Regelungen bescheinigt.[198] Das EntgTranspG wird aktuell nach Auftrag der EntgTransp-RL überarbeitet.[199] Der Anwendungsbereich des EntgTranspG ist im Arbeitsrecht als umfassend zu beurteilen, im öffentlichen Dienstrecht beschränkt sich das Gesetz hauptsächlich auf den Bund, vgl. §§ 2 Abs. 1, 5 Abs. 2 und 3 EntgTranspG.

Mit dem Erlass des AGG wurde das Gebot der Lohngleichheit von Mann und Frau in der ursprünglichen Form des § 612 Abs. 3 S. 1 BGB aufgehoben und folgend mangels ausdrücklicher Bestimmung durch auch gerichtliche Auslegung des AGG gewonnen, nunmehr befindet es

194 Ausdrücklich BAG, NZA 2000, 1050 m.w.N.; vgl. auch BAG, NZA-RR 2012, 530, Rn. 53; vgl. zur streitigen grundrechtlichen Gewährleistung im Rahmen besonderer Diskriminierungsverbote *von Roetteken*, ZTR 2014, 585 m.w.N.

195 Allgemeines Gleichbehandlungsgesetz (AGG) v. 14.8.2006, BGBl. I, S. 1897.

196 Gesetz zur Förderung der Entgelttransparenz zwischen Frauen und Männern (Entgelttransparenzgesetz – EntgTranspG) v. 30.6.2017, BGBl. I, S. 2152.

197 *Krause*, in: Kiel/Lunk/Oetker, § 60 Rn. 42.

198 Bspw. BAG NZA 2020, 1613, Rn. 44; *Thüsing*, in: MüKo-BGB, AGG, Einl. Rn. 20 ff. und 25 f.

199 *Schuster/Jacobsohn*, RdA 2024, 270 (273).

sich inhaltsgleich in §§ 3 Abs. 1, 7 EntgTranspG.[200] Diese Bestimmungen zieht das BAG bei Geltendmachung der Entgeltgleichheit neben dem direkt anwendbaren Art. 157 AEUV als Anspruchsgrundlage heran, es handelt sich um einen Anspruch auf Zahlung der gleichheitswidrig vorenthaltenen Vergütung.[201] Das EntgTranspG geht dem AGG als *lex specialis* grundsätzlich i.S.d. § 2 Abs. 2 EntgTranspG vor, soweit eine abschließende Regelung getroffen wird, wobei dies insbesondere die Ansprüche wegen Entgeltgleichheit betreffen soll.[202] Auffällig ist die unionrechtliche Überformung der Begriffe der gleichen bzw. gleichwertigen Arbeit des EntgTranspG entsprechend der Rechtsprechung des EuGH.[203]

a) Bewertungsmethode, § 4 Abs. 1 bis 3 EntgTranspG

Gem. § 4 Abs. 1 EntgTranspG üben weibliche und männliche Beschäftigte eine *gleiche* Arbeit aus, wenn sie an verschiedenen Arbeitsplätzen oder nacheinander an demselben Arbeitsplatz eine identische oder gleichartige Tätigkeit ausführen.[204] Die Beurteilung der Gleichheit der Arbeit erfordert einen Gesamtvergleich der die Tätigkeit prägenden Faktoren.[205] Die Bestimmung ist unionsrechtskonform dahin auszulegen, dass die auf die Gleichwertigkeit der Arbeit bezogenen „Regelfaktoren" des § 4 Abs. 2 S. 2 EntgTranspG, namentlich die Art der Arbeit,

---

200 Zusammenfassend *Wank*, RdA 2018, 34 (41) m.w.N.

201 BAG, NZA 2021, 1011, Rn. 17 und 75.

202 *Schlachter*, in: ErfKArbR, EntgTranspG, § 2 Rn. 2 f. mit Verweis auf BAG, NZA 2008, 532; LAG Rheinland-Pfalz, NZA-RR 2015, 236; bspw. aber auch *Thüsing*, BB 2017, 565 (566), *Wank*, RdA 2018, 34 (41).

203 BAG, NZA 2023, 958, Rn. 32 ff.; BT-Drs. 18/11133, S. 51; *Rolfs/Lex*, NZA 2023, 1353 (1354); *Roloff*, in: BeckOK ArbR, EntgTranspG, § 4 Rn. 6; *Schlachter*, in: ErfKArbR, EntgTranspG § 4 Rn. 2 f.; vgl. auch *Bauer/Romero*, NZA 2017, 409 (410); *Husemann*, EuZA 2022, 166 (174).

204 Die frühere Rechtsprechung des BAG zu § 612 BGB a.F. wurde übernommen, vgl. *Ahrendt*, in: Schaub, § 37 Rn. 16 mit Verweis auf BAG, NZA 2005, 259.

205 *Ahrendt*, in: Schaub, § 37 Rn. 16; *Thies*, in: Henssler/Willemsen/Kalb, EntgTranspG, § 4 Rn. 1.

die Ausbildungsanforderungen und die Arbeitsbedingungen, auch für die Feststellung gleicher Arbeit gelten.[206]

Gleiche Arbeit ist in der Regel schon anzunehmen, wenn Beschäftigte sich bei Bedarf ersetzen können,[207] bei teilweisen Abweichungen soll auf die jeweils überwiegende auszuübende Tätigkeit abzustellen sein.[208] Die notwendige Berufsausbildung ist von der tatsächlichen zu trennen.[209] Eine gleiche Tätigkeit kommt unter diesen Prämissen in Betracht, wenn zwei Arbeitnehmer, die im Rahmen von Schichten einen Arbeitsplatz besetzen, die gleiche Arbeit ausüben.[210] Auch bei standardisierten, wiederkehrenden und auf bestimmte Handgriffe beschränkten Tätigkeiten innerhalb automatisierter Prozesse kann eine gleiche Tätigkeit vorliegen.[211] Jeweils nur einzelne identische Aspekte begründen weder die Gleichheit noch die Gleichwertigkeit der Tätigkeit.[212] So entscheiden häufig schon Fragen der Darlegungs- und Beweislast über die Annahme der Gleichheit der Tätigkeit.

Gem. § 4 Abs. 2 EntgTranspG üben weibliche und männliche Beschäftigte eine *gleichwertige* Arbeit aus, wenn sie unter Zugrundelegung einer Gesamtheit von Faktoren als in einer vergleichbaren Situation befindlich angesehen werden können. Der Entwurf der Gesetzesbegründung spricht auch diesbezüglich von einer Gesamtschau aller Faktoren, die dann zur Annahme gleichwertiger Tätigkeit führt, wenn Anforderungen und Belastungen der zu verrichtenden Tätigkeiten ein objektiv vergleichbares Bewertungsergebnis erreichen.[213] Das BAG knüpft an die Rechtsprechung des EuGH an und legt gleiche und gleichwertige

---

206 BAG, NZA 2023, 958 (962); *Thies*, in: Henssler/Willemsen/Kalb, EntgTranspG, § 4 Rn. 1.

207 BT-Drs. 18/11133, S. 51; vgl. auch *Grimm/Freh*, ArbRB 2017, 182 (183).

208 *Ahrendt*, in: Schaub, § 37 Rn. 16; *Thies*, in: Henssler/Willemsen/Kalb, EntgTranspG, § 4 Rn. 1.

209 BAG, NZA 2023, 958, Rn. 40, 60 ff.; vgl. auch *Ahrendt*, in: Schaub, § 37 Rn. 16.

210 *Ahrendt*, in: Schaub, § 37 Rn. 16; unter Verweis darauf *Husemann*, EuZA 2022, 166 (174).

211 Vgl. *Langemann/Wilking*, BB 2017, 501 (502).

212 BAG, NZA 2005, 1059; NZA 1996, 579; vgl. auch *Ahrendt*, in: Schaub, § 37 Rn. 16; *Thies*, in: Henssler/Willemsen/Kalb, EntgTranspG, § 4 Rn. 1.

213 BT-Drs. 18/11133, S. 51; *Bauer/Günther/Romero*, NZA 2017, 809 (811); *Roloff*, in: BeckOK ArbR, EntgTranspG, § 4 Rn. 6.

Arbeit im Sinne der Norm einheitlich aus.[214] In einer vergleichbaren Situation sind Arbeitnehmer, wenn die Tätigkeit, die ihnen vertraglich zugewiesen ist, hinsichtlich aller relevanten Kriterien, aber zumindest der in § 4 Abs. 2 S. 2 EntgTranspG benannten, objektiv vergleichbare Anforderungen stellt bzw. Belastungen auslöst bzw. bei einem Gesamtvergleich als vergleichbar gewertet wird.[215]

Die Kriterien gehen auf Festlegungen im Genfer Schema zurück und sind absichtlich abstrakt gehalten, um branchen- und berufsunabhängig verwendbar zu sein.[216] Für den konkreten Anwendungsfall können Unterkategorien bzw. konkretere Anforderungen formuliert werden, die etwa notwendige Vorkenntnisse und Erfahrungen,[217] Fertigkeiten, Verantwortung für Personen, Gegenstände oder Finanzen,[218] oder physische bzw. psychische Belastungen umfassen können.[219] Entscheidend sind nicht nur rein äußerliche Umstände der Tätigkeit.[220] Je größer die Ausprägung der Anforderungen ist, desto höher ist der Wert der Tätigkeit.[221]

Zu berücksichtigen sind gem. § 4 Abs. 2 S. 3 EntgTranspG nur die tatsächlichen, für die jeweilige Tätigkeit wesentlichen Anforderungen, unabhängig von den ausübenden Beschäftigten und deren Leistungen. Die Norm knüpft an den durch den EuGH geforderten Prüfungs-

---

214 BAG, NZA 2023, 958 (962) m.w.N.

215 EuGH, Rs. C-132/92 (Roberts), ECLI:EU:C:1993:868; *Gatz*, NJW 2021, 3563 (3565); *Schlachter*, in: ErfKArbR, EntgTranspG, § 4 Rn. 4.

216 Vgl. BT-Drs. 18/11133, S. 51; *Roloff*, in: BeckOK ArbR, EntgTranspG, § 4 Rn. 6; *Oerder/Wenckebach*, EntgTranspG, § 4 Rn. 5; vgl. auch *Gatz*, NJW 2021, 3563 (3565);

217 Siehe *Bauer/Günther/Romero*, NZA 2017, 809 (811) m.w.N. aus der Rechtsprechung.

218 Vgl. auch BT-Drs. 18/11133, S. 51; *Thies*, in: Henssler/Willemsen/Kalb, EntgTranspG, § 4 Rn. 3.

219 *Roloff*, in: BeckOK ArbR, EntgTranspG, § 4 Rn. 7; *Schlachter*, in: ErfKArbR, EntgTranspG, § 4 Rn. 4; vgl. auch *Thies*, in: Henssler/Willemsen/Kalb, EntgTranspG, § 4 Rn. 1 mit Verweis auf BAG, NZA 2023, 958.

220 BT-Drs. 18/11133, S. 51; siehe auch *Ahrendt*, in: Schaub, § 37 Rn. 17; *Thüsing*, in: MüKo-BGB, AGG, § 8 Rn. 57 mit Verweis auf *Wiedemann/Peters*, RdA 1997, 100 (106) zu den im Schrifttum schon vor Inkrafttreten des EntgTranspG kursierenden Bewertungskriterien.

221 BAG, NZA 1996, 579; *Bauer/Günther/Romero*, NZA 2017, 809 (811).

maßstab an, der die Berücksichtigung der tatsächlichen und wesentlichen Anforderungen verlangt, nicht jedoch die Rücksichtnahme auf die konkreten Leistungen der Beschäftigten.[222] Die Ausnahme von Beschäftigten in unterschiedlichen Rechtsverhältnissen gem. § 4 Abs. 3 EntgTranspG ist missglückt und unionsrechtswidrig, da auf die Vergleichbarkeit der Tätigkeit abzustellen ist.[223]

Das EntgTranspG trifft keine Entscheidung für ein bestimmtes Bewertungsverfahren.[224] Erforderlich ist eine gerechte Berücksichtigung aller Kriterien,[225] in deren Folge zumindest eine verhältnismäßige Gewichtung notwendig wird.[226] Vorgeschlagen wurde, dass die relative Gewichtung von der Bedeutung der Kriterien für die vertragsgemäße Erfüllung der Tätigkeit abhängen soll.[227] Nach ständiger Rechtsprechung des BAG kann die vergleichende Betrachtung nach dem Wert der Arbeit insbesondere mit den Methoden der Arbeitsbewertung erfolgen, soweit diese selbst diskriminierungsfrei sind.[228] Diese Ausführungen entsprechen der früheren Rechtsprechung zu § 612 Abs. 3 BGB a.F. unter Abstellung auf die Begründung des damaligen Regierungsentwurfs.[229] Arbeiten sollten demnach als gleichwertig gelten, wenn sie nach objektiven Maßstäben der Arbeitsbewertung denselben Arbeitswert haben, wobei die Praxis der Tarifvertragsparteien sowie die

---

222 *Husemann*, EuZA 2022, 166 (174); Widersprüche im EntgTranspG aufzeigend *Wank*, RdA 2018, 34 (40 ff.).

223 Mit Verweis auf die Rechtsprechung des EuGH *Roloff*, in: BeckOK ArbR, EntgTranspG, § 4 Rn. 10; *Schlachter*, in: ErfKArbR, EntgTranspG, § 4 Rn. 5; *Thies*, in: Henssler/Willemsen/Kalb, EntgTranspG, § 4 Rn. 5; *Zimmer*, in: Däubler/Beck, EntgTranspG § 4 Rn. 15; und in Bezug auf die neue RL *Rolfs/Lex*, NZA 2023, 1353 (1355).

224 *Bauer/Günther/Romero*, NZA 2017, 809 (811); *von Roetteken*, in: von Roetteken, AGG; EntgTranspG, § 4 Rn. 147.

225 BT-Drs. 18/11133, S. 52; *Bauer/Günther/Romero*, NZA 2017, 809 (811)

226 *Roloff*, in: BeckOK ArbR, EntgTranspG, § 4 Rn. 8; *Thies*, in: Henssler/Willemsen/Kalb, EntgTranspG, § 4 Rn. 3.

227 *Schlachter*, in: ErfKArbR, EntgTranspG, § 4 Rn. 4.

228 BAG, NZA 2023, 958 (961); BAG, NZA 2021, 1011 (1017).

229 BAG, NZA 2005, 1059 (1061); vgl. *Ahrendt*, in: Schaub, § 37 Rn. 16; zu § 612 Abs. 3 BGB ausführlich schon *Feldhoff*, Der Anspruch auf gleichen Lohn für gleichwertige Arbeit, S. 132 ff.; *Winter*, Gleiches Entgelt für gleichwertige Arbeit, S. 226 ff.

allgemeine Verkehrsanschauung als Anhaltspunkte zu berücksichtigen waren.[230]

Auch im Schrifttum wird der objektive Maßstab betont, der an die Beurteilung der Gleichwertigkeit von Arbeit anzulegen ist.[231] In der Praxis erfolgt noch immer eine Orientierung am tariflichen Eingruppierungssystem.[232] Die Eingruppierung bezeichnet in diesem Sinne die Einordnung des einzelnen Arbeitnehmers in eine kollektive Vergütungsordnung.[233] Zu beachten ist die entgegenstehende Rechtsprechung des EuGH, die Einstufungen in kollektive Vergütungssysteme lediglich Indizwirkung bei der Bestimmung gleichwertiger Arbeit zuschreibt und eine besondere Berücksichtigung des tarifvertraglichen Ursprungs allenfalls bei den Anforderungen an Entgeltsysteme vorsieht, vgl. B.II.1.b).

Soweit das BAG auf die Methoden der Arbeitswissenschaft verweist, wurde diese Rechtsprechung bislang kaum fruchtbar gemacht.[234] Die weiterführenden Ausführungen des Gerichts mit Sitz in Erfurt beschränken sich auf eine fast 30 Jahre alte, schmale Feststellung, dass eine höhere Arbeitsbewertung gerechtfertigt sein kann, wenn ein Arbeitnehmer vertraglich nicht nur für eine Einzeltätigkeit, sondern für eine Vielzahl verschiedener Tätigkeiten zur Verfügung steht.[235] Im selben Atemzug hielt das BAG fest, dass objektive Maßstäbe der Arbeitsbewertung nicht vorhanden sind.[236] Zuletzt wurde gerichtlich ausgeführt, dass die Frage nach gleicher und gleichwertiger Arbeit durch eine Tatsachenwürdigung der (nationalen) Gerichte zu beantworten

---

230 Ebd. und BT-Drs. 8/3317, S. 10.

231 *Bauer/Günther/Romero*, NZA 2017, 809 (811); *Krüger*, NZA 2022, 956 (958); *Schlachter*, in: ErfKArbR, EntgTranspG, § 4 Rn. 4 mit Verweis auf § 4 Abs. 2 S. 3 EntgTranspG und BT-Drs. 18/11133, S. 52.

232 *Krause*, in: Kiel/Lunk/Oetker, § 60 Rn. 54 mit Verweis auf *Lillemeier*, AuR 2018, 119 (121 f.); siehe auch *Jochmann-Döll*, RdA 2017, 169.

233 Allgemeine Auffassung, vgl. *Schulz*, in: Moll, § 21 Rn. 2 und 9 m.w.N.

234 Vgl. *Roloff*, in: BeckOK ArbR, EntgTranspG, § 4 Rn. 9; vgl. schon *Winter*, Gleiches Entgelt für gleichwertige Arbeit, S. 248 ff. zum „Prinzip ohne Praxis".

235 BAG, NZA 1996, 579 (581); vgl. auch *Trübenbach*, Neue Wege zur Entgeltgleichheit, S. 68 f.

236 Ebd.

ist.[237] Infolge dessen besteht nach wie vor ein hohes Maß an Rechtsunsicherheit bei der Bestimmung gleichwertiger Arbeit.[238]

Die Quantität und Qualität der konkret erbrachten Leistung ist keine Frage des notwendigen Vergleichs, sondern auf Rechtfertigungsebene möglicher Ungleichbehandlungen verortet.[239] Tätigkeiten mit unterschiedlichen Ausbildungsanforderungen und Arbeitsbedingungen können aufgrund qualitativer Wertigkeit als nicht gleichwertig eingestuft werden,[240] solange andere Kriterien, die für die konkrete Tätigkeit eine wesentliche Anforderung darstellen, nicht völlig außer Acht gelassen werden.[241] Unmittelbare Benachteiligungen (§ 3 Abs. 2 EntgTranspG) sind nicht rechtfertigungsfähig, hingegen können bei mittelbaren Benachteiligungen (§ 3 Abs. 3 EntgTranspG), bei denen das Fehlen eines rechtfertigenden Grundes für die Differenzierung bereits zum Tatbestand gehört, ausdrücklich arbeitsmarkt-, leistungs- und arbeitsergebnisbezogene Kriterien gem. § 3 Abs. 2 S. 2 EntgTranspG rechtfertigend berücksichtigt werden.[242]

b) Entgeltsysteme, § 4 Abs. 4 EntgTranspG

Spezielle Vorgaben zu Entgeltsystemen enthält § 4 Abs. 4 EntgTranspG. Die Bedeutung und systematische Stellung der Norm sind unklar, da sich die Voraussetzungen im Wesentlichen mit den rechtlichen Vorgaben an die Einzelbewertung decken dürften.[243] Als Entgeltsystem gelten alle Systeme, die in jedweder Form das Entgelt der Beschäftig-

---

237 BAG, NZA 2023, 2. Ls. und Rn. 32.

238 Vgl. *Bauer/Romero*, NZA 2017, 409 (410); *Brune/Brune*, BB 2019, 436 (440); *Thüsing*, Arbeitsrechtlicher Diskriminierungsschutz, S. 164 ff.

239 *Bauer/Günther/Romero*, NZA 2017, 809 (811); *Schlachter*, in: ErfKArbR, EntgTranspG, § 4 Rn. 5.

240 Vgl. auch *Oberthür*, NJW 2017, 2228.

241 *Bauer/Günther/Romero*, NZA 2017, 809 (811).

242 *Krause*, in: Kiel/Lunk/Oetker, § 60 Rn. 45; kritisch *Wank*, RdA 2018, 34 (41), der § 3 Abs. 2 S. 2 EntgTranspG zu § 3 Abs. 4 EntgTranspG gemacht hätte, um Fälle der unmittelbaren Benachteiligung zu erfassen.

243 *Krieger/Plambeck*, NZA 2023, 1001 (1003); unter Verweis darauf *Roloff*, in: BeckOK ArbR, EntgTranspG, § 4 Rn. 11.

ten bei einem Arbeitgeber bestimmen oder beeinflussen, wobei dazu alle betrieblichen oder kollektivrechtlichen Bewertungs-, Einstufungs- oder sonstigen Entgeltsysteme sowie die Entgeltsysteme auf gesetzlicher Grundlage zählen.[244]

Gem. § 4 Abs. 4 S. 1 EntgTranspG müssen das Entgeltsystem als Ganzes und die einzelnen Entgeltbestandteile so ausgestaltet sein, dass eine Benachteiligung wegen des Geschlechts ausgeschlossen ist. In § 4 Abs. 4 S. 2 Nr. 1 bis 4 EntgTranspG finden sich vier besondere Anforderungen, die das System erfüllen muss. Aus Nr. 1 soll insbesondere folgen, dass alle relevanten Tätigkeitsaspekte vollständig zu berücksichtigen sind, derweil Nr. 2 und 3 die Diskriminierungsfreiheit der Kriterien und ihrer Gewichtung aufgreifen.[245] Die besondere Bedeutung der Nr. 4 wird überwiegend darin gesehen, dass undurchschaubare Entgeltsysteme verhindert werden sollen.[246] Zutreffend wurde im Schrifttum herausgearbeitet, dass eine Undurchschaubarkeit i.S.d. § 4 Abs. 4 S. 2 Nr. 4 EntgTranspG vorliegt, wenn ein den Gehaltsunterschied bewirkendes Merkmal nicht ermittelt werden kann, wobei komplexe Regelungen nicht ausgeschlossen sind.[247] Den Vorgaben des § 4 Abs. 4 EntgTranspG wird im Schrifttum auch im Hinblick auf die EntgTransp-RL bescheinigt, einer unionsrechtskonformen Auslegung zugänglich zu sein.[248]

c) Prozessuale Besonderheiten

Das nationale Prozessrecht weist mehrere Besonderheiten auf, wobei im Einzelnen eine Vielzahl an Streitständen besteht.

---

244 BT-Drs. 18/11133, S. 52; vgl. auch BAG, NJW 2021, 1975, Rn. 66.

245 *Thies*, in: Henssler/Willemsen/Kalb, EntgTranspG, § 4 Rn. 7 ff. mit Verweis auf BT-Drs. 18/11133, S. 52; ausführlich auch *Krieger/Plambeck*, NZA 2023, 1001 (1003 f.) m.w.N.

246 In diesem Sinne *Bauer/Günther/Romero*, NZA 2017, 809 (812); *Roloff*, in: BeckOK ArbR, EntgTranspG, § 4 Rn. 13.

247 BT-Drs. 18/11133, S. 53; *Bauer/Krieger/Günther*, EntgTranspG, § 4 Rn. 42; *Krieger/Plambeck*, NZA 2023, 1001 (1004).

248 *von Roetteken*, NZA-RR 2024, 169 (171 ff.).

aa) Volle gerichtliche Nachprüfung

Vereinzelt finden sich Auffassungen, die einer vollen gerichtlichen Nachprüfung der Gleichwertigkeit von Arbeit ablehnend gegenüberstehen.[249] In der Tat wirkt es seltsam, dass die §§ 17 f. und 21 EntgTranspG den Arbeitgebern die Entscheidungsgewalt für ein bestimmtes Arbeitsbewertungsverfahren im Rahmen betrieblicher Prüfverfahren und des Berichts zur Gleichstellung und Entgeltgleichheit übertragen, während nach der Rechtsprechung des EuGH und mangels anderweitiger gesetzlicher Regelung den Gerichten im Streitfall die Vollprüfung der Gleichwertigkeit überlassen ist.[250] Weder im Gesetzgebungsprozess hinsichtlich des EntgTranspG noch in Anbetracht des telos der Regelungen finden sich jedoch Anhaltspunkte für eine anderweitige und wohl unionsrechtswidrige Handhabung, der Arbeitgeber könnte andernfalls auch die Auskunft über das Vergleichsentgelt auf subjektiv als gleichwertig befundene Tätigkeiten beschränken und eine objektive Überprüfung der Entgeltbenachteiligung wegen des Geschlechts vereiteln.[251]

Das BAG stellte zuletzt ausdrücklich klar, dass es sich bei der Gleichwertigkeit von Arbeit um eine im Rahmen der Tatsachenwürdigung durch die nationalen Gerichte zu beantwortende Frage handelt.[252] Nach ständiger Rechtsprechung kann die Wertigkeit der Arbeit mit den Methoden der Arbeitsbewertung erfolgen, soweit diese selbst diskriminierungsfrei sind, wobei diese Rechtsprechung nie im größeren Umfang fruchtbar gemacht wurde, vgl. B.III.1.a). Zu der im Schrifttum vorgeschlagenen Einholung von arbeitswissenschaftlichen Gutachten durch entsprechende Sachverständige kam es bisher nicht.[253] Das BAG

---

249 Vgl. etwa ArbG Berlin, BeckRS 2020, 57966; in diese Richtung auch *Bauer/Günther/Romero*, NZA 2017, 809 (811).

250 In diesem Sinne *Krüger*, NZA 2022, 956 (958); *von Roetteken*, in: von Roetteken, AGG, EntgTranspG, § 4 Rn. 146 m.w.N. unter Herausstellung der Gültigkeit dieser Grundsätze auch für das öffentliche Dienstrecht sowie Rn. 18 für eine derartige Auslegung mit Blick auf Art. 3 Abs. 1 ILO-Nr. 100.

251 *Krüger*, NZA 2022, 956 (958) mit Verweis auf BT-Drs. 18/11133, S. 51 f.

252 BAG, NZA 2023, 958, 2. Ls. und Rn. 32.

253 Vgl. *von Roetteken*, in: von Roetteken, AGG, EntgTranspG, § 4 Rn. 134 ff.

behilft sich zumeist mit Erwägungen zur Gleichheit von Arbeit oder zieht sich auf die prozessuale Darlegungs- und Beweislast zurück. In arbeitsgerichtlichen Streitigkeiten obliegt die Beibringung der ggf. beweispflichtigen Tatsachengrundlage zur Beurteilung der Gesetzmäßigkeit des Entgeltsystems sowie dessen gesetzmäßiger Auslegung und Anwendung im Einzelfall jeweils dem Arbeitnehmer.[254] Noch im laufenden Prozess können sich Wertigkeiten verändern und Einfluss auf dessen Ergebnis haben, auch bei Ursächlichkeit aus der Sphäre des Arbeitgebers heraus soll dies i.S.d. § 242 BGB weder ein widersprüchliches Verhalten noch treuwidrig sein, wenn der Arbeitgeber die Gründe als überholenden Sachvortrag prozessual ordnungsmäßig darlegt und im Zweifel beweist.[255]

Beachtenswert erscheint, dass Streitigkeiten im öffentlichen Dienstrecht regelmäßig vor den Verwaltungsgerichten geführt werden. Im Verwaltungsprozess gilt gem. § 86 Abs. 1 S. 1 VwGO der Amtsermittlungsgrundsatz.[256] Die Verwaltungsgerichte scheinen abweichend eine Entscheidung nach unionsrechtlich determinierter Darlegungs- und Beweislast in Anlehnung an die Rechtsprechung des BAG zu favorisieren, obwohl diese dem Verwaltungsprozessrecht fremd ist.[257]

bb) Rechtswirkungen des § 4 Abs. 5 und 6 EntgTranspG

Vor allem angesichts der gerichtlichen Feststellungsbefugnis müssen die aus § 4 Abs. 5 und 6 EntgTranspG abzuleitenden Rechtsfolgen als unklar und streitig bezeichnet werden.[258] Gem. § 4 Abs. 5 S. 1 EntgTranspG gilt unter anderem für tarifvertragliche Entgeltregelun-

254 In diesem Sinne *Gatz*, NJW 2021, 3563 (3566) mit Verweis auf BAG, NZA 2021, 1011; vgl. zum Beibringungsgrundsatz im Zivilprozess etwa *Rauscher*, in: MüKo-ZPO, ZPO, Einl. Rn. 353 ff. m.w.N.; zum arbeitsgerichtlichen Verfahren *Hamacher*, in: BeckOK ArbR, ArbGG, § 46 Rn. 24 f. m.w.N.

255 *Gatz*, NJW 2021, 3563 (3565).

256 Vgl. bspw. *Dawin/Panzer*, in: Schoch/Schneider, Verwaltungsrecht, VwGO, § 86 Rn. 6 ff. m.w.N.

257 Vgl. VG Freiburg (Breisgau), Urt. v. 3.3.2023 – 5 K 664/21, Rn. 48 ff., juris.

258 Vgl. *Löwisch*, ZTR 2022, 579.

gen eine Angemessenheitsvermutung.[259] Soweit Tätigkeiten aufgrund dieser Regelungen unterschiedlichen Entgeltgruppen zugewiesen werden, werden sie als nicht gleichwertig angesehen, sofern die Regelungen nicht gegen höherrangiges Recht verstoßen, § 4 Abs. 5 S. 2 EntgTranspG. Gem. § 4 Abs. 6 EntgTranspG ist Abs. 5 sinngemäß auch auf gesetzliche Entgeltregelungen anzuwenden.

Teilweise wurde § 4 Abs. 5 S. 1 EntgTranspG eine Vermutung dahingehend entnommen, dass die Entgeltsysteme benachteiligungsfrei i.S.d. § 4 Abs. 4 EntgTranspG sind.[260] Dagegen spricht allerdings, dass die Diskriminierungsfreiheit gem. Art. 157 Abs. 1 und 2 AEUV nicht zur Disposition von Verhandlungspartnern steht, sondern die rechtlichen Vorgaben die Verhandlungsspielräume in einer für die entsprechenden Parteien zwingenden Weise begrenzen.[261] In diesem Sinne wird der Angemessenheitsvermutung stattdessen eine Einschätzungsprärogative für das Vorliegen eines rechtfertigenden Sachgrundes bei mittelbaren Benachteiligungen entnommen.[262]

Hinsichtlich § 4 Abs. 5 S. 2 EntgTranspG wird vertreten, dass eine gesetzliche Vermutung der Gleichwertigkeit von Tätigkeiten bei gleicher Stufe bzw. eine Ungleichwertigkeit der Tätigkeiten unterschiedlicher Stufe[263] oder weitergehend sogar eine gesetzliche Fiktion in die-

---

259 Zum Anwendungsbereich auf tarifgebundene Arbeitgeber unter Bezug auf § 5 Abs. 4 und 5 EntgTranspG *Bauer/Günther/Romero*, NZA 2017, 809 (810) mit Verweis auf *Franzen*, NZA 2017, 814 (815).

260 *Bauer/Günther/Romero*, NZA 2017, 809 (810); *Löwisch*, ZTR 2022, 579 (580).

261 Vgl. nur *Bauer/Krieger/Günther*, EntgTranspG, § 3 Rn. 46; *Günther/Schiffelholz/Westenrieder*, NZA 2024, 1305 (1306); *Oberthür*, NJW 2017, 2228 (2231); *Roloff*, in BeckOK ArbR, EntgTranspG, § 4 Rn. 14; *Schlachter*, in: ErfKArbR, EntgTranspG, § 4 Rn. 9; *von Roetteken*, NZA-RR 2019, 177; *ders.*, in: von Roetteken, AGG, EntgTranspG, § 4 Rn. 252 ff. mit Verweis auf BT-Drs. 18/11133, S. 52.

262 Vgl. etwa *Bauer/Krieger/Günther*, EntgTranspG, § 4 Rn. 46; *Günther/Schiffelholz/Westenrieder*, NZA 2024, 1305 (1306, 1310) auch mit Blick auf die EntgTransp-RL; *Krieger/Plambeck*, NZA 2023, 1001 (1005); *Roloff*, in: BeckOK ArbR, EntgTranspG, § 4 Rn. 14.

263 *Ahrendt*, in: Schaub, § 37 Rn. 20; *Bauer/Günther/Romero*, NZA 2017, 809 (810); *Bauer/Krieger/Günther*, EntgTranspG, § 4 Rn. 47; *Krieger/Plambeck*, NZA 2023, 1001 (1005); *Schlachter*, in: ErfKArbR, EntgTranspG, § 4 Rn. 9; *Thüsing*, BB 2017, 565 (566).

sen Fällen[264] vorliegen soll. Die Regelungen werden im Schrifttum als Verstoß gegen die zwingenden unionalen Vorgaben beurteilt.[265] Die Eingruppierung in eine Entgelt- oder Besoldungsgruppe kann im Einklang mit der Rechtsprechung des EuGH lediglich ein Indiz für gleichwertige Arbeit sein.[266] Nach unionsrechtlichen Grundsätzen und speziell Art. 4 Abs. 3 EUV und Art. 288 Abs. 3 AEUV ist das nationale Recht bei anderweitigem Verstoß gegen das Recht der EU vorrangig unionsrechtskonform auszulegen.[267] Dagegen steht hier der Wille des Gesetzgebers[268]. Folglich erscheint die Annahme einer Direktwirkung des Unionsrechts treffender, die zu einem unionsrechtlichen Anwendungsvorrang auch im Bereich des Tarifrechts führen kann.[269]

cc) Beweislastregel gem. § 15 Abs. 5 EntgTranspG

Eine besondere Beweislastregel enthält das EntgTranspG für den Fall, dass nicht tarifgebundene oder -anwendende Arbeitgeber der Auskunftspflicht aus § 10 EntgTranspG nicht nachkommen, vgl. § 15 Abs. 5 EntgTranspG.[270] Die zweifelhafte Rechtstreue auch im Übrigen wird als Indiz einer Benachteiligung beim Entgelt wegen des Geschlechts

---

264 *Günther/Schiffelholz/Westenrieder*, NZA 2024, 1310 (1305); *Krüger*, NZA 2022, 956 (956 ff.); *Löwisch*, ZTR 2022, 579 (580 f.); *Rolfs/Lex*, NZA 2023, 1353 (1355).

265 Vgl. nur *Ahrendt*, in: Schaub, § 37 Rn. 20; *Günther/Schiffelholz/Westenrieder*, NZA 2024, 1305 (1307, 1310); *Kocher*, AuR 2018, 8 (12); *Oberthür*, NJW 2017, 2228 (2231); *Krüger* NZA 2022, 956 (957 f.); *dies.*, NZA 2022, 1659 (1659 f.); *Rolfs/Lex*, NZA 2023, 1353 (1355); *Roloff*, in: BeckOK ArbR, EntgTranspG, § 4 Rn. 14; *Schlachter*, in: ErfKArbR, EntgTranspG, § 4 Rn. 9.

266 Siehe unter B.II.1.b) und c); vorgeschlagen wurde unter Würdigung der EntgTransp-RL eine entsprechende Angleichung der Regelung, vgl. *Günther/Schiffelholz/Westenrieder*, NZA 2024, 1305 (1310) m.w.N.

267 St. Rspr., vgl. EuGH, Rs. C-212/04 (Adeneler), ECLI:EU:C:2006:443 Rn. 108 ff.; Rs. C-555/07 (Kücükdeveci), ECLI:EU:C:2010:21 Rn. 48 ff.

268 BT-Drs. 18/11133, S. 53 f.

269 Vgl. schon unter C.II.1.d).

270 Im Einzelnen zur streitigen Reichweite *Krüger*, NZA 2022, 956 (959 ff.); *Franzen*, NZA 2017, 814 (819); *Rolfs/Lex*, NZA 2023, 1353 (1358); zu einer auch fehlenden analogen Anwendungsmöglichkeit *Franzen*, NZA 2017, 814 (819); *Krüger*, NZA 2022, 956 (960 f.); *Schlachter*, in: ErfKArbR, EntgTranspG, § 15 Rn. 11.

gewertet.[271] Als Sanktion müssen die Arbeitgeber beweisen, dass kein Verstoß gegen das Entgeltgleichheitsgebot vorliegt, ohne dass die Beschäftigten weitere Indizien für eine Entgeltdiskriminierung darlegen müssen.[272]

dd) Vermutung gem. § 22 AGG

Eine wichtige prozessuale Besonderheit ist die Vermutungsregelung des § 22 AGG. Diese findet im Sinne des § 2 Abs. 2 S. 1 EntgTranspG im Streitfall Anwendung und erfordert, dass Beschäftigte Tatsachen vorbringen, die den ersten Anschein einer Diskriminierung begründen, um daran anschließend den Arbeitgebern den Nachweis aufzuerlegen, dass Entgeltunterschiede in Wirklichkeit nicht diskriminierend sind, wobei aktuell vier Fallgruppen differenziert werden.[273] Über § 22 AGG kommt der deutsche Gesetzgeber seiner Pflicht aus Art. 19 Abs. 1 RL 2006/54/EG nach.[274] Entsprechend der unionalen Regelung[275] wird die Bestimmung trotz Art. 19 Abs. 3 RL 2006/54/EG auch in verwaltungsgerichtlichen Verfahren im Sinne von Art. 19 Abs. 4 lit. b) RL 2006/54/EG und unbeschadet des grundsätzlich geltenden Amtsermittlungsgrundsatzes für anwendbar gehalten.[276]

Als erste und zweite Fallgruppe sind im Einklang mit der Rechtsprechung des EuGH entsprechende Statistiken sowie die Durchschaubarkeit eines Entgeltsystems zu benennen, vgl. B.II.1.c). Ferner soll die Unterschreitung des angegebenen Medianentgelts ein taugliches Indiz im Sinne der Beweislastregel von § 22 AGG darstellen. Wenn eine Partei darlegen und im Bestreitensfall beweisen kann, dass Kollegen des anderen Geschlechts für gleiche oder gleichwertige Arbeit ein höheres Entgelt durch den Arbeitgeber gezahlt bekommen, begrün-

---

271 BT-Drs. 18/11133, S. 66.

272 Vgl. *Ahrendt*, in: Schaub, § 37 Rn. 27; *Krüger*, NZA 2022, 956 (961).

273 *Krüger*, NZA 2022, 956 (961); *Günther/Schiffelholz*, NZA-RR 2023, 568 (573).

274 BAG, NZA 2021, 1011, Rn. 26.

275 *Janda*, in: Dauses/Ludwig, D.II. Rn. 203.

276 Vgl. VG Freiburg (Breisgau), Urt. v. 3.3.2023 – 5 K 664/21, juris.

det dies regelmäßig die Vermutung, dass die Ungleichbehandlung wegen des Geschlechts erfolgt ist.[277] Zuletzt können die von § 15 Abs. 5 EntgeltTranspG nicht erfassten, verwandten Konstellationen im Einzelfall § 22 AGG unterfallen, wobei die Einzelheiten streitig sind.[278] Zu denken ist zum Beispiel an den Fall einer nicht, unvollständig oder fehlerhaft erteilten Auskunft nach dem EntgTranspG.[279] Auch wenn der tarifgebundene bzw. -anwendende Arbeitgeber die Auskunft nicht erteilt, erscheint eine entsprechende Anwendung gerechtfertigt.[280]

2. Besondere Diskriminierungsverbote

a) AGG

Nach § 7 Abs. 1 Hs. 1 AGG dürfen Beschäftigte nicht wegen eines in § 1 AGG genannten Merkmals benachteiligt werden. Das AGG führt in § 1 auf, dass Benachteiligungen aus Gründen der Rasse oder der ethnischen Herkunft, des Geschlechts, der Religion oder Weltanschauung, einer Behinderung, des Alters oder der sexuellen Identität verhindert und beseitigt werden sollen.

In Anknüpfung daran ist in § 8 Abs. 2 AGG vorgesehen, dass die Vereinbarung einer geringeren Vergütung für gleiche oder gleichwertige Arbeit wegen eines in § 1 AGG genannten Grundes nicht dadurch

---

277 Vgl. BAG, NZA 2023, 958, Rn. 41 ff.; zusammenfassend *Schlachter*, RdA 2024, 52 (54 ff.) m.w.N.; diese Frage ist sehr streitig, siehe nur *Ahrendt*, in: Schaub, § 37 Rn. 26; *Annuß*, NZA 2021, 1538 (1539 f.); *Bauer/Romero*, NZA 2017, 409 (412); *Franzen*, NZA 2017, 814 (816); *Göpfert/Giese*, NZA 2018, 207 (209); *Oberthür*, NJW 2017, 2228 (2233); *Wank*, RdA 2018, 34 (46).

278 *Krüger*, NZA 2022, 956 (962); einschränkend *Ahrendt*, in: Schaub, § 37 Rn. 27 m.w.N. zum Streitstand; *Franzen*, NZA 2017, 814 (818) mit Verweis auf BT-Drs. 18/11133, S. 71.

279 *Krüger*, NZA 2022, 956 (962); vgl. auch *Ahrendt*, in: Schaub, § 37 Rn. 27, 64; *Schlachter*, in: ErfKArbR, EntgTranspG, § 15 Rn. 11.

280 *Krüger*, NZA 2022, 956 (962) abstellend auf das Verstreichen einer Dreimonatsfrist in Anlehnung an § 15 Abs. 5 EntgTranspG und ggf. nochmalige Nachfrage; so auch *Schlachter*, in: ErfKArbR, EntgTranspG, § 14 Rn. 9 mit Verweis auf *Holler*, NZA 2017, 822 (823) und *Langemann/Wilking*, BB 2017, 501 (504) hinsichtlich der Dreimonatsfrist als Orientierungsgröße m.w.N.

gerechtfertigt wird, dass wegen des geschützten Merkmals besondere Schutzvorschriften gelten. Im Schrifttum ist streitig, ob es sich um eine eigene Anspruchsgrundlage handelt oder nur die Rechtsfolge ausgelöst wird, dass kein tauglicher Differenzierungsgrund im Rahmen anderweitiger Diskriminierungsverbote insbesondere gem. § 7 Abs. 1 AGG oder §§ 3 Abs. 1, 7 EntgTranspG vorliegt.[281] Das AGG hat einen umfassenden Anwendungsbereich bis in den Bereich des öffentlichen Dienstrechts hinein, wobei Modifikationen im Einzelnen in Betracht kommen, vgl. §§ 2, 24 AGG.

Ein gesetzlich vorausgesetzter Anspruch auf gleiches Entgelt für gleiche oder gleichwertige Arbeiten für vorenthaltene Leistungen ergibt sich für unerlaubt benachteiligte Arbeitnehmer im Bereich des AGG nach der Rechtsprechung des BAG nur aus dem Rechtsgedanken der §§ 2 Abs. 1 Nr. 2, 8 Abs. 2 AGG.[282] Für die Beurteilung der gleichen und gleichwertigen Arbeit soll auf die spezialgesetzlichen Ausformungen des EntgTranspG in ihrer unionsrechtlichen Überformung zurückgegriffen werden können.[283]

Dies erscheint vor dem Hintergrund sinnvoll, dass für die Merkmale die RL 2000/78/EG sowie RL 2000/43/EG maßgebend sind und eine unionsrechtskonforme Auslegung im Sinne der Rechtsprechung des EuGH geboten ist.[284] Wie aufgezeigt, vertritt der EuGH eine einheitliche Linie zu den einschlägigen Diskriminierungsrichtlinien auch im Bereich der prozessualen Besonderheiten.[285] Auf nationaler Ebene tritt § 22 AGG in seiner Gestalt hinzu, vgl. B.III.1.c)dd). Vereinzelt existieren Tendenzen im öffentlichen Dienstrecht, die Rechtsprechungsgrundsätze des BAG zur Entgeltgleichheit aufgrund der europarechtlichen Überformung allein auf der Grundlage des AGG zu generalisieren.[286]

---

281 Zum Streitstand *Horcher*, in: BeckOK BGB, AGG, § 8 Rn. 37 m.w.N.; die Spezialität des EntgTranspG bei geschlechtlichen Diskriminierungen ist zu beachten, vgl. B.III.1.

282 BAG, NZA 2008, 532, Rn. 45 m.w.N.

283 Vgl. *Horcher*, in: BeckOK BGB, AGG, § 8 Rn. 39; *Thüsing*, in: MüKo-BGB, AGG, § 8 Rn. 51 ff.; anders wohl *Benecke*, BeckOGK, AGG, 1.10.2024, § 8 Rn. 61.

284 Vgl. *Oetker*, in: Kiel/Lunk/Oetker, § 16 Rn. 2.

285 Vgl. B.II.3.a).

286 Vgl. VG Freiburg (Breisgau), Urt. v. 3.3.2023 – 5 K 664/21, Rn. 48 ff., juris.

b) TzBfG

Explizite Bezüge zum Arbeitsentgelt stellen die Diskriminierungsverbote des § 4 Abs. 1 und 2 TzBfG hinsichtlich teilzeitbeschäftigter und befristet beschäftigter Arbeitnehmer her. Ein Anspruch gem. § 4 TzBfG ist stets wegen einer in der Vorenthaltung einer Leistung stehenden Ungleichbehandlung auf eine Anpassung „nach oben“ gerichtet.[287]

Der Gleichbehandlungsanspruch setzt eine Vergleichbarkeit der entsprechenden Arbeitnehmergruppen voraus.[288] Das TzBfG bejaht eine Vergleichbarkeit grundsätzlich bei „gleicher oder einer ähnlichen Tätigkeit“, differenziert jedoch entsprechend den unionalen Vorgaben zwischen teilzeit- und befristet beschäftigten Arbeitnehmern, vgl. § 2 Abs. 1 S. 3 und § 3 Abs. 2 S. 1 TzBfG. Der einschlägige Regierungsentwurf sieht in Anlehnung an die unionalen Richtlinien bzw. Rahmenvereinbarungen für beide Bestimmungen vor, dass der Vergleich in einem abgestuften Verfahren beginnend mit der Betriebsebene durchzuführen ist.[289] Wenn ein vergleichbarer Beschäftigter nicht vorhanden ist, sei der Vergleich anhand des anwendbaren Tarifvertrages oder schließlich auf Ebene des betreffenden Wirtschaftszweiges regelmäßig auf Grundlage des hypothetisch anwendbaren Tarifvertrags vorzunehmen.[290] Soweit ein solcher nicht existiert, wird in der Literatur vorgeschlagen, einzelfallabhängig auf die Verkehrsanschauung zurückzugreifen.[291] Nach einer weiteren Ansicht soll im Sinne von Paragraph 3 Nr. 2 UAbs. 2 Var. 2 der Rahmenvereinbarungen geprüft werden, ob in dem jeweiligen Wirtschaftszweig ein Tarifvertrag zumindest in Teilen oder früher branchenüblich gewesen ist, da entsprechende gesetzliche Bestimmun-

287 Vgl. *Bayreuther*, in: BeckOK ArbR, TzBfG, § 4 Rn. 44; siehe auch BAG, NZA 2016, 1081, Rn. 64.

288 So schon BAG, NZA 1989, 593; grundsätzlich ist die Vergleichbarkeit der Tätigkeit maßgeblich, stellt der Arbeitgeber selbst nicht auf diese ab, ist dessen Gruppenbildung entscheidend bzw. an welche Gesichtspunkte er für die Erbringung der Leistung anknüpft, vgl. BAG, BeckRS 2013, 71596, Rn. 27 m.w.N.

289 BT-Drs. 14/4374, S. 15.

290 Ebd.

291 *Herms*, in: Meinel/Heyn/Herms, TzBfG, § 2 Rn. 18.

gen i.S.d. Vorbehalts des Unionsrechts wohl nicht ersichtlich sind.[292] Soweit faktische Gepflogenheiten bestehen, können diese im Falle eines Rechtsstreits gem. § 56 Abs. 1 S. 2 ArbGG auch durch Auskünfte der Industrie- und Handelskammern festgestellt werden.[293]

Eine gleiche bzw. gleichwertige Arbeitsleistung kann demnach im Rahmen der Diskriminierungsverbote der erforderliche gemeinsame Bezugspunkt der betrieblichen Ordnung in einem vom Arbeitgeber aufgestellten System sein.[294] Im Detail ist die Vergleichbarkeit durch die Rechtsprechung mit Blick auf die Gleichwertigkeit einer Tätigkeit wenig durchdrungen. Das BAG sah eine Vergleichbarkeit befristet und unbefristet Beschäftigter bei identischen Aufgaben.[295] Im Schrifttum wird vorgeschlagen, dass die Gleichartigkeit der arbeitsvertraglichen Stellen- oder Arbeitsplatzbeschreibung oder die tarifliche Eingruppierung Indizwirkung entfalten sollen.[296] Als Kriterium wurde auch zur Diskussion gestellt, dass die Arbeitsplätze durch Ausübung des Direktionsrechts bei ggf. unterstellt gleicher Arbeitszeit wechselseitig zugewiesen werden können, so dass bei einer betriebsbedingten Kündigung grundsätzlich eine gemeinsame Sozialauswahl stattfinden würde, vgl. § 1 Abs. 3 KSchG.[297] Eine Tätigkeit soll auch ähnlich sein, wenn die Arbeitsvorgänge anhand der an die Beschäftigten zu stellenden Anforderungen weitgehend übereinstimmen und eine Austauschbarkeit der Arbeitnehmer ohne besondere Einarbeitungsschwierigkeiten möglich ist.[298]

---

292 *Fischels*, in: BeckOGK, TzBfG, 1.12.2024, § 3 Rn. 104 mit Verweis auf *Schlachter*, in: Laux/Schlachter, TzBfG, § 3 Rn. 26.

293 Str., vgl. *Bader/Kreutzberg-Kowalczyk*, in: KR, TzBfG, § 3 Rn. 61 m.w.N.

294 *Müller-Glöge*, in: MüKo-BGB, TzBfG, § 4 Rn. 21 mit Verweis auf *Lipke*, in: GK-TzA, BeschFG, § 2 Rn. 73.

295 BAG, NZA 2013, 625, Rn. 30.

296 *Bayreuther*, in: BeckOK ArbR, TzBfG, § 2 Rn. 6; *Herms*, in: Meinel/Heyn/Herms, TzBfG, § 2 Rn. 12.

297 *Bayreuther*, in: BeckOK ArbR, TzBfG, § 2 Rn. 6.

298 *Preis*, in: ErfKArbR, TzBfG, § 2 Rn. 2 und *Müller-Glöge*, in: ErfKArbR, TzBfG, § 3 Rn. 19 unter der Einschränkung, dass die Gleichwertigkeit der Tätigkeiten allein nicht genügen soll, m.w.N.

Im Ergebnis dürfte am ehesten eine unionsrechtskonforme Auslegung unter Abstellung auf die bekannte Formel des EuGH in Betracht kommen, vgl. B.II.3.b). Dementsprechend obläge den nationalen Gerichten die Feststellung der Gleichwertigkeit, wobei auf die bekannten Schwächen der Rechtsprechung des BAG zu verweisen ist.

c) AÜG

Die rechtlichen Vorgaben für die Arbeitnehmerüberlassung beinhalten besondere Gleichstellungsgrundsätze zugunsten des Leiharbeitnehmers hinsichtlich des Arbeitsentgelts vergleichbarer Stammarbeitnehmer, wobei die unionalen Rahmenvorgaben zu beachten sind. Insoweit ist die Gleichwertigkeit von Tätigkeiten relevant.

Nach § 8 Abs. 1 S. 1 AÜG (*Equal-Treatment*-Grundsatz) haben Leiharbeitnehmer Anspruch auf Gleichstellung mit einem vergleichbaren Arbeitnehmer des Entleihers auch bezüglich des Arbeitsentgelts. Der Anspruch des Leiharbeitnehmers auf gleiches Arbeitsentgelt ist ein die vertragliche Vergütungsabrede korrigierender gesetzlicher Entgeltanspruch gegenüber dem Verleiher, der mit jeder Überlassung entund jeweils für die Dauer der Überlassung besteht.[299] Der Anspruch steht unter dem Vorbehalt einer tarifvertraglichen Öffnungsklausel, § 8 Abs. 2 bis 4 AÜG. Nach § 8 Abs. 4 AÜG besteht bei einer länger als neun Monate dauernden Überlassung an einen Entleiher grundsätzlich ein Anspruch gegen den Verleiher auf entsprechende Arbeitsvergütung unter beschränkter Anwendung des § 8 Abs. 1 AÜG, *Equal Pay*.[300]

Das zu saldierende Vergleichsentgelt ist nach § 8 Abs. 1 S. 1 AÜG i.V.m. Art. 5 Abs. 1 RL 2008/104/EG tätigkeitsbezogen und nach dem zu bestimmen, was der Leiharbeitnehmer erhalten hätte, wenn er für die gleiche Tätigkeit beim Entleiher eingestellt worden wäre; weitere Merkmale wie die Kompetenz oder die Berufserfahrung sind nur von Bedeu-

---

299 St. Rspr., vgl. BAG, NZA 2021, 800, Rn. 25 m.w.N.

300 Vgl. *Motz*, in: BeckOK ArbR, AÜG, § 8 Rn. 169 ff. m.w.N. auch zu den gesetzlichen Einschränkungen.

tung, wenn diese bei der Ermittlung sowie der Bemessung der Vergütung von Stammarbeitnehmern als vergütungsrelevant berücksichtigt worden wären.[301] Nach dem Regierungsentwurf des AÜG sollen taugliche Vergleichspersonen auch beim Entleiher beschäftigte Arbeitnehmer mit gleicher oder ähnlicher Tätigkeit sein.[302] Als Begründung wird im Schrifttum zum einen die Vermutung angeführt, dass der Leiharbeitnehmer wohl zu denselben Bedingungen eingestellt worden wäre, zum anderen wird auf eine Berücksichtigung auch bei der Auslegung und Anwendung des TzBfG in seiner unionsrechtlichen Determinierung für vergleichbare Arbeitnehmer verwiesen.[303]

Eine präzise Definition bleiben Regierungsentwurf und Rechtsprechung schuldig. Wird der Leiharbeitnehmer vom Entleiher für dieselbe Tätigkeit unmittelbar übernommen, kann er selbst als Vergleichsperson herangezogen werden.[304] Eine ausreichende Gleichstellung wird gem. § 8 Abs. 1 S. 2 AÜG beim Entgelt widerlegbar vermutet, wenn der Leiharbeitnehmer ein Entgelt erhält, das der Entleiher seinen vergleichbaren Arbeitnehmern aufgrund in der Einsatzbranche geltenden Tarifverträge zahlt.[305]

Im Gegensatz zur unionsrechtlichen Ausgestaltung des Arbeitnehmerüberlassungsrechts sind nach der Konzeption des AÜG durchaus Vergleichsbetrachtungen anzustellen. Im Schrifttum wird ein kollektiv geltendes Vergütungssystem zwingend als anspruchsbegründend gefordert.[306] Soweit das BAG in Anbetracht des Art. 5 Abs. 1 RL 2008/104/EG auf die im Falle einer hypothetischen Einstellung des Leiharbeitnehmers geltenden Arbeitsbedingungen abstellt,[307] ist die Frage nach der Gleichwertigkeit einer Tätigkeit außerhalb derartiger

---

301 BAG, NZA 2016, 422, Rn. 26 m.w.N.; *Kolbe*, in: Franzen/Gallner/Oetker, RL 2008/104/EG, Art. 5 Rn. 8 m.w.N.

302 BT-Drs. 15/25, S. 38.

303 Vgl. *Schüren/Wank*, RdA 2011, 1 (4); a.M. *Fuchs*, NZA 2009, 57 (60).

304 Vgl. BAG, NZA 2021, 720.

305 Vgl. *Roloff*, in: ErfKArbR, AÜG, § 8 Rn. 6.

306 In diesem Sinne *Greiner*, RdA 2017, 153 (154 f.); *Henssler*, RdA 2017, 83 (92).

307 So BAG, NZA 2014, 915.

Strukturen nicht beantwortet.[308] Eingedenk der unionsrechtlichen Determinierung und Einheitlichkeit der Rechtsprechung des EuGH im Übrigen erscheint es naheliegend, auf die bekannten Grundsätze zur gleichwertigen Arbeit zurückzugreifen.

308 Vgl. die Lösung von *Greiner*, RdA 2017, 153 (154) und *Motz*, in: BeckOK ArbR, AÜG, § 8 Rn. 28 m.w.N. zum Meinungsstreit, die im Zweifel auf die üblichen, im Betrieb oder auch nur Wirtschaftszweig geltenden Arbeitsbedingungen vergleichbarer Arbeitnehmer und eine fiktive Eingruppierung abstellen wollen. Dies entspricht grob der Vorgehensweise im Rahmen der §§ 2 ff. TzBfG, vgl. unter B.III.2.b).

C. Einheitliche Strukturlinien

Aus den dargestellten Vorgaben lassen sich strukturelle Gemeinsamkeiten ableiten. Zwar stehen rechtspolitische Entscheidungen nicht immer im Einklang, wenn etwa Art. 23 Nr. 2 AEMR und Art. 7 lit. a) Ziff. i) IPWSKR gleiches Entgelt für gleichwertige Arbeit ohne Unterschied fordern, wozu auf nationaler Ebene in dieser Allgemeinheit kein Rechtsgrundsatz korrespondiert. Die untersuchten Bestimmungen vereinen jedoch unabhängig von ihrer konkreten Einbettung gewisse Grundzüge.

I. Relativität der Lohngerechtigkeit im Licht gleichwertiger Arbeit

Ganz grundsätzlich wurde aufgezeigt, dass eine Differenzierung der gesetzlichen Entgeltregelungen in solche bezüglich der absoluten und der relativen Entgelthöhe erfolgen kann, wobei letztere Bestimmungen auf das Verhältnis zwischen den Entgelten verschiedener Arbeitnehmergruppen abstellen.[309] Die auf die relative Entgelthöhe abzielenden Bestimmungen werden maßgeblich im Rahmen von Diskriminierungsverboten bzw. Gleichbehandlungsgeboten verarbeitet. Im Gegensatz zu allgemeinen Regelungen erfolgt die Vergleichsgruppenbildung unter dem Aspekt der Gleichwertigkeit von Arbeit, soweit eine Ungleichbehandlung mit Blick auf das Arbeitsentgelt in Rede steht. Der unbestimmte Rechtsbegriff gleichwertiger Arbeit ist teilweise auch Auffangtatbestand gegenüber engeren Ausformungen wie der Gleichheit von Arbeit.[310] In der Regel sind Ungleichbehandlungen rechtfertigungsfä-

309 Insbesondere *Krause*, in: Kiel/Lunk/Oetker, § 60 Rn. 30 ff. m.w.N. und Rn. 41.
310 In diesem Sinne die st. Rspr., vgl. B.II.1.a) und III.1.a).

hig, wobei im Einzelnen Divergenzen bestehen. Tonangebend für die rechtlich konturlose Gleichwertigkeit von Arbeit ist die vom EuGH zur Entgeltgleichheit entwickelte Formel, dass sich das Vergleichspaar nach einer Gesamtschau von Faktoren in einer vergleichbaren Situation befinden muss. Die „vergleichbare Situation" ist gleichzeitig der Oberbegriff der Gleichwertigkeit von Arbeit.[311] Im Bereich besonderer Diskriminierungsverbote kommen teilweise hypothetische Vergleichspersonen in Betracht, siehe unter B.II.3.a) bis c). Die bei der Gesamtschau zu berücksichtigenden Faktoren können gleichzeitig als Rechtfertigungsgrund einer Ungleichbehandlung dienen, vgl. etwa B.II.1.a).

Im Ergebnis erfordert die Bestimmung gleichwertiger Arbeit stets, der Arbeit einen Wert zu geben und mit dem entsprechenden Wert einer anderen Arbeit zu vergleichen.[312] Nur wenn die Arbeit im Vergleich dieselbe Wertigkeit aufweist, ist sie rechtlich gleichwertig und im Sinne der Vorgaben gleich zu vergüten. Diese Vorgehensweise ist Bestätigung der in Rede stehenden Dimension der Relativität der Lohngerechtigkeit.

II. Wertigkeit der Arbeit als subjektive Entscheidung

Die Bestimmung der Wertigkeit von Arbeit ist ein stark umstrittenes Feld. Den Bestimmungen ist gemein, dass sie kaum inhaltliche Anhaltspunkte enthalten. Das BAG als Rechtsanwender verweist auf (objektive) Methoden der Arbeitswissenschaft, ohne diese ggf. unter Heranziehung von Sachverständigen mit Leben zu füllen. Im Schrifttum wird das deutsche Konzept als eher enges Verständnis gleichwertiger Arbeit beurteilt, dessen Grenzen nicht geklärt sind.[313] Die damit verbundene Rechtsunsicherheit wurde hervorgehoben, vgl. B.III.1.a). In der Praxis schaffen günstigenfalls gewisse Hilfserwägungen wie zur Gleichheit von Arbeit oder prozessuale Gegebenheiten Abhilfe.

---

311 Vgl. B.II.1.a) und 3.a).

312 So auch *Husemann*, EuZA 2022, 166 (173) zur Entgeltgleichheit.

313 *Krebber*, in: Callies/Ruffert, AEUV, Art. 157 Rn. 55 m.w.N.; ausführlich schon *Winter*, Gleiches Entgelt für gleichwertige Arbeit, S. 111 m.w.N.

Insoweit ist die angeschnittene Frage aufgeworfen, ob sich der Wert von Arbeit absolut ermitteln lässt. Die Untersuchung ist zu dem Schluss gekommen, dass die Entscheidung über die Wertigkeit durch rechtliche Festlegungen und gewisse Bewertungsentscheidungen bzw. -systeme im Vorfeld eingehegt, aber nicht negiert werden kann.[314] Soweit der EuGH von einer notwendigen Gesamtwürdigung objektiver Faktoren ausgeht, ist keine Aussage dazu getroffen, dass es sich um die einzig wahren Kriterien handelt oder mit der Auswahl und Würdigung keine Wertentscheidung verbunden wäre, vielmehr zielt der EuGH auf die Herstellung von sachlichen Bewertungsmaßstäben ab.[315] Auch die neue EntgTransp-RL legt die inhaltlichen Bewertungskriterien allenfalls in Übereinstimmung mit den Vorgaben des IPWSKR fest, vgl. B.II.2.c)cc). In diesem Sinne stehen Unions- und Völkerrecht im Einklang.[316]

Die Vergütung der Arbeitnehmer ist kein objektiver Parameter. Eine rein am Marktwert von Arbeit orientierte Betrachtungsweise erscheint nur unter den Prämissen der Arbeitswerttheorien i.S.e. objektiven Arbeitswerts möglich, den es vor allem wegen der Wirkung von Angebot und Nachfrage so nicht gibt.[317] Gegen die Heranziehung der konkreten Vergütung der Arbeitnehmer als Maßstab der relativen Wertigkeit spricht, dass dieser eine subjektive Wertung zumindest der Arbeitgeber zugrunde liegt und dementsprechend nicht schlechthin mit einer objektiven Wertigkeit von Arbeit gleichgesetzt werden kann, ferner sind häufig auch soziale oder personale Faktoren für die Bemessung der Vergütung ausschlaggebend, die zumindest reduziert werden müssten.[318] Ferner wäre der Grundsatz gleichen Lohns für gleichwertige Arbeit in diesem Sinne gewissermaßen tautologisch und würde zu der

314 Siehe B.II.1.c)bb); auch die entsprechende Feststellung bei BAG, NZA 1996, 579 (581).

315 *Herbig*, Eingruppierung, S. 92.

316 Vgl. B.I.1. und 2.

317 Vgl. *Wank*, RdA 2018, 34 (42) mit Verweis auf *ders.*, in: FS-Buchner, S. 898 (899 f.) und die Feststellung, dass ein objektiv „gerechter Lohn" nicht existiert; siehe auch *Vianden*, Gleiches Entgelt für gleiche und gleichwertige Arbeit, S. 73 ff., 98 m.w.N.

318 Zur notwendig objektiven Bestimmung B.II.1.a) und b) sowie III.1.a) und b); zur Vergütung als Maßstab etwa BAG, NZA 1996, 440 (440 f.) im Rahmen eines Anspruchs auf vertragsgemäße Beschäftigung.

absurden Folge führen, dass identische Tätigkeiten unterschiedlichen Wert aufweisen könnten.

Im Hinblick auf schwankende Wirtschaftsfaktoren und ein fehlendes einheitliches Bewertungssystem ist eine positive Wertbestimmung von Arbeit als unmöglich zu beurteilen.[319] Da die Wertigkeit nicht objektiv ermittelt werden kann, ist eine subjektive Entscheidung zwingend erforderlich und es kann maximal Scheinobjektivität erreicht werden.[320] Der Lohn ist kein tauglicher Parameter zur Bestimmung der Wertigkeit von Arbeit, seine Höhe ist gerade nach dem Vergleich der Wertigkeit von Arbeit zu bestimmen.

III. Zuständige Stelle

Unter diesen Prämissen bleibt die Frage zu klären, wer zur Vornahme der notwendigen subjektiven Wertungen rechtlich berufen ist. Die Wertigkeit von Arbeit wird durch vertragliche und gesetzliche Regelungen, die Arbeitgeber ggf. gemeinsam mit den Sozialpartnern bzw. Arbeitnehmern und die Gerichte unterschiedlich stark geprägt.

Wie ausgeführt enthalten die vertraglichen und gesetzlichen Bestimmungen kaum inhaltliche Vorgaben zur Bestimmung der Gleichwertigkeit von Arbeit. Allerdings sind ohnehin mehrere Rechtsschranken im Mehrebenensystem zu beachten. Die Gestaltung des Betriebs und die Frage, ob und in welcher Weise sich ein Arbeitgeber wirtschaftlich betätigen will, sind im nationalen Recht Bestandteil einer auch verfassungsrechtlich geschützten unternehmerischen Freiheit,[321] die im Einzelnen auf unterschiedlichen Grundrechten bzw. Bestimmungen beruht.[322] Die Abschlussfreiheit von Arbeitsverträgen ist maßgeblich in Art. 12 Abs. 1 GG verankert und Eingriffe in die Freiheit der einschlä-

319 *Franzen*, in: Franzen/Gallner/Oetker, AEUV, Art. 157 Rn. 32 f.; *Husemann*, EuZA 2022, 166 (172 ff.); *Rolfs/Lex*, NZA 2023, 1353 (1354); *Wank*, in: FS-Buchner, S. 898 (899 f.).

320 *Wank*, RdA 2018, 34 (42 ff.).

321 Vgl. *Kiel*, in: Ascheid/Preis/Schmidt, KSchG, § 1 Rn. 444 m.w.N.

322 Überblick für das deutsche Recht im Mehrebenensystem bei *Reimer*, in: Díez Parra, Die unternehmerische Freiheit, S. 12 ff. m.w.N.

gigen Berufsausübung sind auch hinsichtlich des Entlohnungssystems nur bei „vernünftigen Erwägungen des Gemeinwohls“ unter Wahrung des Übermaßverbots gem. Art. 20 Abs. 3 GG rechtfertigungsfähig.[323] In seiner Ausprägung als Vertragsfreiheit und wirtschaftliche Betätigungsfreiheit treten die Gewährleistungen des Art. 2 Abs. 1 GG hinzu, die sich jedoch eher auf das „ob“ des Vertragsschlusses beziehen.[324] Entsprechende Vorgaben finden sich im Unionsrecht in Art. 16 GRC zur unternehmerischen Freiheit.[325]

Der Spielraum der Gesetzgeber ist nicht nur arbeitgeberseitig, sondern auch durch die Koalitionsfreiheit bzw. Tarifautonomie i.S.v. Art. 9 Abs. 3 GG und Art. 28 GRC begrenzt, die indessen wiederum nicht schrankenlos gewährleistet sind und Raum für gesetzliche Ausgestaltungen bieten,[326] auch wenn die erforderlichen Regelungen der Arbeits- und Wirtschaftsbedingungen den Koalitionen in ihrer Betätigungsfreiheit zum großen Teil zu überlassen sind.[327] Insbesondere die Höhe der Arbeitsvergütung soll für die verschiedenen Tätigkeiten festgelegt und die Gemeinschaft in diesem Sinne sozial befriedet werden.[328]

Im öffentlichen Dienstrecht sind die rechtlichen Garantien einer auch verfassungsrechtlich gewährleisteten Organisationshoheit zugunsten der Dienstherren bei einem Übergriff in einen geschützten Autonomiebereich zu beachten, der die Entscheidung über die Dienstpostenbewertung als Mittel der Bestimmung der Funktionswertigkeit der Dienstposten der Beamten grundsätzlich unterfällt,[329] selbst wenn die-

---

323 *Schmidt*, in: ErfKArbR, GG, Art. 12 Rn. 30, 46; vgl. zur Gestaltung von Arbeitsverträgen explizit BVerfG, NZA 2018, 774, Rn. 38.

324 Vgl. etwa *Benecke*, in: Kiel/Lunk/Oetker, § 31 Rn. 1 ff. m.w.N.

325 Vgl. *Ruffert*, in: Callies/Ruffert, GRC, Art. 16 Rn. 2 m.w.N. und Hinweis darauf, dass der EuGH vereinzelt noch von einer eigenständigen Verbürgung der erwerbsbezogenen Vertragsfreiheit ausgeht; zur Rechtfertigung staatlicher Eingriffe in die Gewährleistungen des Art. 16 GRC siehe *Jarass*, GRC, Art. 16 Rn. 20 ff.

326 *Winter*, in: Franzen/Gallner/Oetker, RL (EU) 2023/970, Art. 4 Rn. 15; vgl. auch BVerfG, NZA 2001, 777; ausführlich *Herbig*, Eingruppierung, S. 110 ff. und 139 ff. m.w.N.; *Günther/Schiffelholz/Westenrieder*, NZA 2024, 1305.

327 So BVerfG, NJW 2007, 51 (53) zu Art. 9 Abs. 3 GG.

328 BVerfG, NJW 1964, 1267 (1268).

329 Vgl. BVerwG, Urt. v. 1.8.2019 – 2 A 3/18, Rn. 24, juris m.w.N.; ausführlich unter D.II.3.

se rechtlichen Gewährleistungen in der Regel durch legislative Eingriffe verkürzt werden können.[330] Gerade unter dem Aspekt der einschlägigen Organisationsgewalt wird die gerichtliche Nachprüfung der nichtnormativen Dienstpostenbewertung durch das BVerwG grundsätzlich begrenzt, wobei es eines eigenen Bewertungskonzepts der Dienstherren bedarf.[331] Auch der deutschen Arbeitsgerichtsbarkeit ist eine Rücknahme der gerichtlichen Kontrolldichte auf Sachlichkeit nicht fremd.[332]

Davon unabhängig haben die Gesetzgeber den Gerichten entsprechend der Auslegung und Anwendung der einschlägigen Bestimmungen durch den EuGH maximale Feststellungsbefugnisse hinsichtlich der Wertigkeit von Arbeit als Frage der Tatsachenwürdigung eingeräumt, die abgesehen von rudimentären inhaltlichen Beschränkungen und Vorgaben zur Sachlichkeit nur über prozessuale Besonderheiten eingeschränkt ist, vgl. B.II.1.c) und B.III.1.c)aa). Mangels gesetzlichem Bewertungskonzept und notwendig subjektiver Entscheidung obliegt es abschließend den Gerichten, über die (Gleich-)Wertigkeit von Arbeit inhaltlich zu befinden, die notwendigen subjektiven Wertungen zu treffen und in diesem Sinne die Bewertungsmaßstäbe festzulegen.

Den Einstufungen in kollektive Vergütungsstrukturen soll nur Indizwirkung für die Gleichwertigkeit von Arbeit zukommen, derartige Entgeltsysteme können bei Undurchschaubarkeit vielmehr zulasten der Arbeitgeber bzw. Dienstherren zu einer Verschiebung der Darlegungs- und Beweislast führen.[333] Eine wohl beabsichtigte Stärkung der Rechte von Dienstherren, Arbeitgebern und Arbeitnehmern bzw. entsprechenden Verbänden im Rahmen des § 4 Abs. 5 und 6 EntgTranspG wird

---

330 Siehe im Einzelnen zur Organisationshoheit *Böckenförde*, Organisationsgewalt; *Butzer*, Verw 1994, 157; *Ibler*, in: Dürig/Herzog/Scholz, GG, Art. 86 Rn. 155, 160; *Schmidt-Aßmann*, in: FS-Ipsen, S. 333; *Schmidt-Jortzig*, Kommunale Organisationshoheit jeweils m.w.N.

331 St. Rspr., vgl. BVerwG, Urt. v. 1.8.2019 – 2 A 3/18, Rn. 25, juris und D.II.3.b).

332 Beispielhaft für das Kündigungsschutzrecht im Licht der unternehmerischen Freiheit *Kiel*, in: Ascheid/Preis/Schmidt, KSchG, § 1 Rn. 563 m.w.N.; für tarifvertragliche Eingruppierungsregelungen und Art. 9 Abs. 3 GG *Herbig*, Eingruppierung, S. 162 f. und 186 ff. m.w.N.

333 Vgl. B.II.1.b) und c).

vor der Linie des EuGH weitgehend als unionsrechtswidrig beurteilt.[334] Ernsthafte Kritik an der Überantwortung der Frage der Gleichwertigkeit von Arbeit an die Gerichte unter Lösung von den Wertungen der Arbeitgeber und Sozialpartner findet sich kaum.[335] Insofern kann als Ausfluss der entsprechenden Spielräume lediglich die vorbezeichnete Indizwirkung erreicht werden, ohne dass die Gerichte an die entsprechenden Wertentscheidungen zur gleichwertigen Arbeit gebunden wären. Nach Art. 4 Abs. 1 EntgTransp-RL müssen die verpflichteten Stellen zukünftig objektive Vergütungsstrukturen bzw. Entgeltsysteme nutzen. Die Bedeutung dieser Rechtsprechung wird demgemäß künftig erheblich steigen.

334 Vgl. B.III.1.c)bb).

335 Vorsichtig in diese Richtung *Günther/Schiffelholz/Westenrieder*, NZA 2024, 1305; *Löw/Oldehaver*, NZA 2024, 88 (90 f.); *Winter*, in: Franzen/Galnner/Oetker, RL (EU) 2023/970, Art. 4 Rn. 15; deutlich Thüsing, NZA 2000, 570 (575 f.).

D. Friktionen im Mehrebenensystem

Nach der Klärung der gemeinsamen Strukturlinien erscheint es nunmehr notwendig, auf bestehende Friktionen einzugehen, die die dargestellten Vorgaben im Mehrebenensystem auslösen. Im Zusammenspiel der Regelungen ergeben sich Widersprüche und Konsequenzen, die kaum bedacht sein dürften.

I. Gleicher Lohn für gleichwertige Arbeit als Nebenfolge unionaler Regelungen

Der Grundsatz gleichen Lohns für gleichwertige Arbeit wird künftig nach Maßgabe des arbeitsrechtlichen Gleichbehandlungsgrundsatzes bzw. des Art. 3 Abs. 1 GG als Nebenfolge unionsrechtlicher Regelungen in der deutschen Rechtsordnung Realität werden.

1. Arbeitsrechtlicher Gleichbehandlungsgrundsatz

Das allgemeine arbeitsrechtliche Gleichbehandlungsgebot ist ein in ständiger Rechtsprechung des BAG anerkanntes richterrechtliches Grundprinzip des deutschen Arbeitsrechts.[336] Der Gleichbehandlungsgrundsatz ist bei einem Verstoß taugliche Anspruchsgrundlage, wenn der Arbeitnehmer wegen seiner Tätigkeit Leistungen einklagt, die bestimmten mit ihm vergleichbaren Arbeitnehmern zufließen, während er selbst diese Leistungen nicht erhält, wobei er die Grundlagen des

336 Vgl. BAG, NZA 2006, 1217; zur Historie und unsicheren Herleitung vgl. *Thüsing*, in: Henssler/Willemsen/Kalb, BGB, § 611a Rn. 331 ff. m.w.N.

Anspruchs darlegen und erforderlichenfalls beweisen muss.[337] Dabei beschränkt sich seine Geltung grundsätzlich auf Fragestellungen, hinsichtlich derer dem Arbeitgeber ein Spielraum zukommt, in Rede steht also vor allem die arbeitsvertragliche Ebene.[338] Der Gleichbehandlungsgrundsatz verbietet nicht nur die willkürliche Schlechterstellung einzelner Arbeitnehmer innerhalb einer Gruppe, sondern auch eine sachfremde Gruppenbildung.[339]

Der Grundsatz der Lohngleichheit als Anwendungsfall des Gleichbehandlungsgrundsatzes gewinnt zunehmend Einfluss auf die Vergütungshöhe einzelner Arbeitnehmer.[340] Die deutsche Rechtsordnung kennt jedoch wie ausgeführt keinen Grundsatz dahingehend, dass für gleiche Arbeit stets gleicher Lohn zu zahlen wäre.[341] Grundsätzlich gilt im Bereich der Vergütung der Gleichbehandlungsgrundsatz nur eingeschränkt, da die Vertragsfreiheit für individuell vereinbarte Löhne und Gehälter Vorrang hat.[342] Das BAG hat entschieden, dass trotz des Vorrangs der Vertragsfreiheit grundsätzlich Gleichbehandlung geboten ist, wenn der Arbeitgeber die (Haupt-)Leistung nach einem allgemeinen Prinzip gewährt, indem er bestimmte Voraussetzungen oder Zwecke festlegt, wobei die Begünstigung einzelner Arbeitnehmer für die notwendige Gruppenbildung nicht genügt, erforderlich ist eine Besserstellung nach einem oder mehreren Kriterien, die bei allen Begünstigten vorliegen.[343] Ist die Anzahl der begünstigten Arbeitnehmer im Verhältnis zur Gesamtzahl der betroffenen Arbeitnehmer sehr

337 Vgl. *Koch*, in: Schaub/Koch, G, Gleichbehandlung der Arbeitnehmer; dazu auch *Fuhlrott*, ArbRAktuell 2015, 141.

338 Ausführlich in diesem Sinne *Herbig*, Eingruppierung, S. 181 ff. m.w.N. auch zur ambivalenten Rechtsprechung des BAG mit dem dominierenden Begründungsstrang eines „strukturellen Ungleichgewichts der Arbeitsvertragsparteien“, auf der anderen Seite wird auch auf den „Normvollzug“ abgestellt.

339 *Hexel*, in: Kiel/Lunk/Oetker, § 19 Rn. 8 mit Verweis auf BAG, NZA 2009, 1202, Rn. 11 ff.

340 Vgl. *Hexel*, in: Kiel/Lunk/Oetker, § 19 Rn. 7 f.

341 Ebd.; zur st. Rspr. vgl. BAG, NZA 2000, 1050 und B.III.

342 BAG, NZA 2012, 680, Rn. 13; vgl. auch NZA 2010, 696, Rn. 19; NZA 2003, 215 (216).

343 BAG, NZA 2003, 215 (216).

gering, kann ein nicht begünstigter Arbeitnehmer aus dem Gleichbehandlungsgrundsatz keinen Anspruch auf Vergütung herleiten.[344]

Es gilt mithin das Erfordernis zumindest eines gedanklichen Regelwerks mit abstrakten Merkmalen, das den konkreten Leistungen des Arbeitgebers an bestimmte Arbeitnehmer vorausgeht, damit der Gleichbehandlungsgrundsatz eingreifen kann.[345] Andernfalls fehlt der notwendige kollektive Bezug als Anknüpfungspunkt zur Verhinderung einer Ungleichbehandlung, denn der allgemeine Gleichbehandlungsgrundsatz verbietet nur die willkürliche Schlechterstellung einzelner Arbeitnehmer aus sachfremden Gründen gegenüber anderen in vergleichbarer Lage befindlichen Arbeitnehmern und verhindert nicht einzelne Begünstigungen.[346] Soweit der Arbeitgeber die Arbeitsentgelte durch betriebliche Einheitsregelung anhebt und nach gruppenspezifischen Merkmalen vorgeht, dürfen einzelne Arbeitnehmer in diesem Zusammenhang nicht ohne sachlichen Grund von den Erhöhungen ausgenommen werden.[347] Der Gleichbehandlungsgrundsatz verpflichtet die Arbeitgeber aber nicht zur Aufstellung eines abstrakter Regelungssystems.[348]

2. Art. 3 Abs. 1 GG

Die Rechtsnormen eines Tarifvertrags i.S.d. § 1 Abs. 1 TVG wirken nach § 4 Abs. 1 i.V.m. § 3 TVG für die Tarifgebundenen unmittelbar und zwingend wie ein Gesetz.[349]. Die Auslegung der Bestimmungen eines

344 BAG NZA 2007, 221; NZA 2003, 215; einschränkend für tarifvertragliche Regelungen BAG, NZA 2004, 611 (614).

345 *Krause*, in: Kiel/Lunk/Oetker, § 60 Rn. 86 m.w.N. mit Verweis insbesondere auf BAG, NZA 2017, 459, Rn. 34.

346 BAG, NZA 2003, 215 (216).

347 Vgl. *Hexel*, in: Kiel/Lunk/Oetker, § 19 Rn. 8 m.w.N.

348 *Hexel*, in: Kiel/Lunk/Oetker, § 19 Rn. 8 mit Verweis auf BAG, NZA 1995, 939 (940).

349 Vgl. zur Möglichkeit der Allgemeinverbindlichkeitserklärung gem. § 5 TVG etwa *Löwisch/Rieble*, TVG, § 5 Rn. 1 ff. m.w.N.; zu weiteren Anwendungsmöglichkeiten *Altenburg*, in: Moll, § 1 Rn. 29 m.w.N.

Tarifvertrags ist im Einzelnen streitig und komplex,[350] nach ständiger Rechtsprechung des BAG ist der normative Teil eines Tarifvertrags in der Regel nach den Grundsätzen auszulegen, die für Gesetze gelten.[351] Dieser muss für alle Rechtsunterworfenen gleich ausgelegt werden.[352] Mithin ist auf die Rechtsanwendungsgleichheit gem. Art. 3 Abs. 1 GG zu verweisen, der die Gerichte verpflichtet sind.[353] Bei vielen Arbeitgebern beruht die Vergütungsordnung entsprechend den verfassungsrechtlichen Grundsätzen[354] auf tarifrechtlichen Regelungen mit nachfolgender Eingruppierung der Arbeitnehmer.[355] Sofern die Arbeitgeber entsprechende tarifvertragliche Normen geschaffen haben, sind die Arbeitnehmer dazu berechtigt, ihre zutreffende Eingruppierung klageweise durchzusetzen.[356]

3. Art. 4 Abs. 1 und 2 EntgTransp-RL

Gem. Art. 4 Abs. 1 und 2 EntgTransp-RL sind Arbeitgeber künftig zur Verwendung richtliniengemäßer Entgeltsysteme bzw. Vergütungsstrukturen verpflichtet, vgl. B.II.2.c)aa). Dass diese Vergütungsstrukturen verbindlich ausgestaltet sein müssen, ergibt sich unmittelbar aus Art. 4 Abs. 1 EntgTransp-RL, da gleiches Entgelt bei gleicher oder gleichwertiger Arbeit gewährleistet sein muss.[357] Eine Vorgabe, in welcher Form die Vergütungsstrukturen konkret zu verankern sind, findet sich

350 Ausführlich etwa *Herbig*, Eingruppierung, S. 186 ff. m.w.N.

351 St. Rspr., vgl. BAG, BeckRS 2016, 112090, Rn. 25 m.w.N.; vgl. auch *Treber*, in: Schaub, § 201 Rn. 4 f. m.w.N.

352 Vgl. *Herbig*, Eingruppierung, S. 192 f. und 200 f.; *Kamanabrou*, Die Auslegung und Fortbildung des normativen Teils von Tarifverträgen, S. 254.

353 Vgl. dazu BVerfGE 66, 331 (335 f.); vgl. etwa auch *Schmidt*, in: ErfKArbR, GG, Art. 3 Rn. 1 ff. m.w.N.

354 Dazu C.III.

355 *Schulz*, in: Moll, § 21 Rn. 2 und 9 m.w.N.

356 Zweckmäßig ist regelmäßig eine Eingruppierungs- bzw. Einstufungsfeststellungsklage vor den Arbeitsgerichten, vgl. *Bredemeier*, in: Bredemeier/Neffke, Fünfter Teil, Rn. 9 m.w.N.

357 Vgl. auch *Winter*, in: Franzen/Gallner/Oetker, RL (EU) 2023/970, Art. 4 Rn. 2 mit Verweis auf EG Nr. 12 und 16 EntgTransp-RL.

nicht in den Richtlinienbestimmungen.[358] Die richtlinienseitige Anordnung steht nach den allgemeinen Abgrenzungsregeln nicht im Widerspruch zu der im Rahmen der Diskussion eines europäischen Mindestlohns zu Prominenz gelangten Regelung des Art. 153 Abs. 5 AEUV, der das Arbeitsentgelt aus der Unionskompetenz ausnimmt, denn das Entgelt wird hier nicht schwerpunktmäßig geregelt.[359] Der Unionsgesetzgeber beschäftigt sich vielmehr i.S.d. richtlinienseitig angeführten Rechtsgrundlage des Art. 157 Abs. 3 AEUV mit der Effektivierung des geschlechtlichen Antidiskriminierungsrechts.

Entgeltsysteme i.S.d. EntgTransp-RL werden zumindest die Voraussetzungen eines gedanklichen Regelkonzepts im Sinne des arbeitsrechtlichen Gleichbehandlungsgrundsatzes erfüllen und dementsprechend die Gewährleistungen des arbeitsrechtlichen Gleichbehandlungsgrundsatzes zugunsten der Arbeitnehmer auslösen. Die Vorgaben führen zur Negierung des Grundsatzes, dass Arbeitgeber derartig bindende abstrakte Regelsysteme nicht aufstellen müssen. Wenn die Vergütungsstrukturen auf tarifvertraglicher Ebene verankert werden, gelten die Ausführungen unter D.I.2. und die Arbeitgeber sind schon insoweit verpflichtet. Der Grundsatz des gleichen Lohns für gleichwertiger Arbeit gilt so zwar weiterhin nicht umfassend, aber nach Maßgabe des arbeitsrechtlichen Gleichbehandlungsgrundsatzes sowie den Maßstäben des Tarifrechts. Entsprechende Systeme werden einen zumindest bindenden Mindeststandard konstituieren, von dem die verpflichteten Arbeitgeber nicht ohne weiteres abrücken können.[360] Im Einzelnen bleibt die Umsetzung der Regelung gem. Art. 288 Abs. 3 AEUV durch den deutschen Gesetzgeber abzuwarten.

358 Vgl. B.II.2.c)aa).

359 Dazu etwa *Langer*, in: Streinz, AEUV, Art. 153 Rn. 46.

360 Zur Möglichkeit eines einheitlichen Abweichens „nach unten“ in Anbetracht der Entgeltgleichheit siehe bspw. *Schuster/Jacobsohn*, RdA 2024, 270 (275 ff.).

II. Bestimmung der Wertigkeit von Arbeit

Erhebliche Friktionen entstehen durch die rechtliche Konturlosigkeit der (Gleich-)Wertigkeit von Arbeit im Licht der Delegation der notwendig subjektiven Entscheidung an unterschiedliche Stellen im Gegensatz zum Arbeits- bzw. öffentlichem Dienstrecht im Übrigen.

1. Grundsätze der Rechtsprechung zur Gleichwertigkeit von Arbeit

Nach den erarbeiteten Grundsätzen der Rechtsprechung des EuGH obliegt den entscheidenden nationalen Gerichten die Befugnis zur eigenständigen Arbeits- bzw. Dienstpostenbewertung über die gesetzgeberisch nur rudimentär vorgezeichnete Gleichwertigkeit von Arbeit im Rahmen der besonderen Gleichbehandlungsgrundsätze und Diskriminierungsverbote, vgl. C.III.. Die Einstufung von Arbeitnehmern in Entgeltsysteme bzw. Vergütungsstrukturen in diesem Sinne hat nur indizielle Bedeutung für die gerichtsseitig festzustellende Gleichwertigkeit, auch wenn insbesondere tarifvertragliche Festlegungen bei den Anforderungen an Bewertungssysteme besonders berücksichtigt werden können.[361] Die Undurchschaubarkeit eines aufgestellten Entgeltsystems kann prozessual sogar zu Lasten der Arbeitgeber gehen, vgl. B.II.1.c) und d).

2. Arbeitsrecht im Übrigen

Eine so verstandene Gleichwertigkeit von Arbeit kollidiert mit dem Arbeitsrecht im Übrigen.

361 Vgl. B.II.1.b) und d) sowie III.1.b) und c)bb).

a) Entgeltanspruch der Arbeitnehmer im kollektiven Vergütungssystem

Die Entgelthöhe ist nach ständiger Rechtsprechung des BAG grundsätzlich den Tarifvertragsparteien überlassen, weil dies nach Überzeugung des Verfassungsgebers zu sachgerechteren Ergebnissen als eine staatlich beeinflusste Lohnfindung führt.[362] Die Tarifvertragsparteien sind auch nach Art. 3 Abs. 1 GG nicht dazu verpflichtet, die jeweils zweckmäßigste, vernünftigste oder gerechteste Lösung zu wählen und dürfen im Interesse der Praktikabilität, der Verständlichkeit und der Übersichtlichkeit typisierende Regelungen treffen, wobei auf die generellen Auswirkungen der Regelung statt auf Einzelfallgerechtigkeit abzustellen ist.[363] Unter diesen Prämissen ergibt sich im Hinblick auf die tarifvertraglichen Vergütungsregelungen auf der einen Seite eine Einschätzungsprärogative der Tarifvertragsparteien aus Art. 9 Abs. 3 GG und besonderer Sachnähe hinsichtlich der notwendigen Wertentscheidungen, auf der anderen Seite obliegt der Rechtsprechung die Auslegung und Anwendung des normativen Tarifvertragsrechts wie bei Gesetzen unter besonderer Berücksichtigung des Willens der Tarifvertragsparteien und nur insoweit sind gerichtliche Wertentscheidungen einzubringen.[364]

Die Gerichte können sich im Streitfall betreffend die Eingruppierung der Arbeitnehmer nicht über die tarifvertraglichen Regelungen als Ausdruck der Wertungen der Tarifvertragsparteien wie bei der unionsrechtlich determinierten (Gleich-)Wertigkeit von Arbeit nach einer Gesamtschau von objektiven Faktoren regelhaft hinwegsetzen, sondern haben die entsprechenden Festlegungen der Tarifvertragsparteien grundsätzlich als maßgeblich zu berücksichtigen.[365] Soweit aber

362 St. Rspr., vgl. BAG, NZA-RR 2012, 530, Rn. 32 m.w.N.; siehe auch schon unter C.III. zur bundesverfassungsgerichtlichen Rechtsprechung und zur unternehmerischen Freiheit der Arbeitgeber.

363 Ebd.

364 Ausführlich zu den Grenzen und Befugnissen der Rechtsprechung *Herbig*, Eingruppierung, S. 154 ff., 162 f., 202 ff. m.w.N.; siehe auch schon *Rüthers*, Die unbegrenzte Auslegung, S. 436 f. und unter D.I.2.

365 Ebd.

die tarifrechtlichen Eingruppierungsregelungen eine Verbindung zur (Gleich-)Wertigkeit von Arbeit aufweisen, ist die Rechtsprechung des EuGH, dass Einstufungen in kollektive Vergütungsstrukturen wie etwa in Form des Tarifvertragsrechts für gleichwertige Arbeit nur Indizwirkung entfalten können und höchstens bei der gebotenen Sachlichkeit eines Entgeltsystems besonders berücksichtigt werden können, doch deutlich zu kritisieren.[366] Dagegen sprechen gewichtige Gründe.[367]

Aus systematischer Sicht hat sich der deutsche Gesetzgeber mit § 4 Abs. 5 S. 2 und Abs. 6 EntgTranspG derart positioniert, dass kollektiven Vergütungssystemen bzw. den zugrunde liegenden subjektiven Wertentscheidungen der Tarifvertragsparteien bei der Gleichwertigkeit von Arbeit und ihrer Bestimmung Vorrang eingeräumt ist. Die Bestimmung gleichwertiger Arbeit wurde primär mit den tarifrechtlichen Eingruppierungsregelungen und der Einschätzungsprärogative der Tarifvertragsparteien verknüpft. Diese Ausgestaltung im EntgTranspG dürfte wegen der Rechtsprechung des EuGH als unionsrechtswidrig zu beurteilen sein, vgl. B.III.1.c)bb). Die Verknüpfung wird durch den Unionsgesetzgeber jedoch selbst hergestellt, wenn dieser rechtskonforme kollektive Vergütungssysteme als einen Lösungsansatz für Entgeltgleichheit wertet, vgl. EG Nr. 26 und 31 EntgTransp-RL. Ferner kommt diese Verknüpfung zum Vorschein, wenn kollektive Vergütungssysteme im Einklang mit der Rechtsprechung des EuGH zur Gewährleistung gleichen Lohns bei gleichwertiger Arbeit auf nationaler als auch auf unionaler Ebene spezifischen rechtlichen Anforderungen unterworfen werden, vgl. B.II.1.b) und 2.c) sowie III.1.b).

In Anbetracht dieser Erwägungen dürfte die Verbindung kollektiver Vergütungssysteme zur Gewährleistung relativer Lohngerechtigkeit kaum zu leugnen sein. Eine logische Folge ist, dass Entgeltsysteme

366 Das Schrifttum scheint sich mit diesem Ergebnis nunmehr abzufinden, vgl. *Günther/Schiffelholz/Westenrieder*, NZA 2024, 1305 (1307, 1310) m.w.N.

367 So schon BAG, Urt. v. 6.4.1955 – 1 AZR 365/54, juris; *Feldhoff*, Der Anspruch auf gleichen Lohn für gleichwertige Arbeit, S. 172 ff.; *Thüsing*, NZA 2000, 570 (575 f.): Tarifvertragsparteien als „die in erster Linie berufenen Sachverständigen zur Beurteilung der Gleichwertigkeit der zu leistenden Arbeit" m.w.N. auch zur Gegenauffassung; zuletzt etwa *Wank*, RdA 2018, 34 (43 f.).

wegweisende Typisierungen zur Gleichwertigkeit von Arbeit enthalten. Entgegen der sonstigen Tendenz des Unionsrechts wird den Mitgliedstaaten vorgeschrieben, dass die notwendigen Wertentscheidungen zur Bestimmung gleichwertiger Arbeit aus der Richtung der Tarifvertragsparteien i.S.d. zuständigen Stelle gem. C.III. durch Schaffung derartiger Strukturen nicht verbindlich getroffen werden können. Ein Sachgrund hierfür ist nicht ersichtlich.

Unter Beachtung der gegebenen Einschätzungsprärogative der Tarifvertragsparteien ist die Eingruppierung der Arbeitnehmer grundsätzlich voll justiziabel, die Wirksamkeit der tarifvertraglichen Regelungen ist am höherrangigem Recht einschließlich der vorbezeichneten Vorgaben des Unionsrechts an Bewertungssysteme zu messen und die einschlägigen Normen sind durch die Gerichte auszulegen und anzuwenden, wobei eigene gerichtliche Wertentscheidungen nur in diesem Rahmen zu treffen sind. Insoweit stünde bei Maßgeblichkeit der tarifvertraglichen Wertungen in der Regel eine taugliche Vergleichsbasis auf Grundlage einheitlicher Vergütungssysteme zur Beurteilung gleichwertiger Arbeit zur Verfügung. Eine subsidiäre Zuständigkeit der Gerichte bei deren Fehlen oder Mangelhaftigkeit wäre unbeschadet dessen nicht negiert.

Soweit der EuGH seine Rechtsprechung darauf stützt, dass eine Gesamtwürdigung nach objektiven Faktoren erforderlich ist, die durch die Einstufungssysteme nicht vollständig abgebildet werden,[368] ist auf die nunmehr gesteigerten Anforderungen für Entgeltsysteme in der EntgTransp-RL zu verweisen, Art. 4 Abs. 3 und 4 EntgTransp-RL, dazu B.II.2.c)bb) und cc).

Trotz dessen werden die notwendigen Wertentscheidungen bezüglich des Bewertungssystems und dessen Ausformung (vgl. C.II. und III.) den Tarifvertragsparteien bei der Bestimmung gleichwertiger Arbeit unter unionsrechtlicher Determinierung aus der Hand genommen. Sie können allenfalls eine Indizwirkung erreichen, so dass eine Zweigleisigkeit der Wertigkeit von Arbeit besteht, je nachdem ob gerichtlich

368 EuGH, Rs. C-381/99 (Brunnhofer), ECLI:EU:C:2001:358, Rn. 45 ff.

originär über die Eingruppierung oder inzident über die Gleichwertigkeit von Arbeit zu befinden ist. Dieses Ergebnis ist im Hinblick auf die Verbindung kollektiver Vergütungssysteme zur Gleichwertigkeit von Arbeit und ihrer notwendigen Ausgestaltung zumindest i.S.d. EntgTransp-RL unstimmig. Es widerspricht auch dem Subsidiaritätsprinzip gem. Art. 5 Abs. 3 EUV den Mitgliedstaaten unionsrechtlich vorzuschreiben, welche Stelle die notwendigen Wertentscheidungen zu treffen hat und die Verbindlichkeit der in kollektiven Vergütungsstrukturen getroffenen Wertungen auf unionaler Ebene abzusenken. Dadurch hat der EuGH einer vorrangigen Berücksichtigung tarifvertraglicher Einschätzungen einen Riegel vorgeschoben.[369]

In conclusio haben die nationalen Gerichte die volle Feststellungsbefugnis für die Gleichwertigkeit von Arbeit und ihrer Bestimmung. Selbst wenn beispielsweise in Form des normativen Tarifvertragsrechts rechtskonforme und auf einer Gesamtheit von objektiven Bewertungsfaktoren beruhende Entgeltsysteme vorhanden sind, die künftig gem. Art. 4 Abs. 1 EntgTransp-RL verpflichtend werden und auf deren Basis die Einstufung der Arbeitnehmer unter Ausfüllung normativer Spielräume durch gerichtliche Wertung voll justiziabel ist, soll keine taugliche Vergleichsbasis für die Gleichwertigkeit von Arbeit gegeben sein.

Die aufgezeigten Widersprüche bestehen auch in der Konstellation, dass die Vergütung der Arbeitnehmer außerhalb eines Tarifvertrags vertraglich zwischen Arbeitgeber und Arbeitnehmer mit Verweis auf ein Entgeltsystem geregelt wird. Die Wirksamkeit solcher Vereinbarungen richtet sich insbesondere nach §§ 134, 138 BGB bzw. §§ 305 ff. BGB[370]. Die Auslegung erfolgt nach dem objektiven Empfängerhorizont i.S.d. §§ 133, 157 BGB, das Gericht kann sich außerhalb der Frage nach der Gleichwertigkeit von Arbeit nicht einseitig über das vereinbarte Entgeltsystem hinwegsetzen und die subjektive Entscheidung über die Einstufung in eine derartige Vergütungsstruktur nach eigenen Maßstäben

---

369 Dies entspricht aber der herkömmlichen Vorgehensweise im deutschen Recht, vgl. § 612 Abs. 3 BGB a.F. auch unter B.III.1.a), selbst wenn diese Rechtsprechung nie großflächig Anwendung gefunden hat.

370 Siehe etwa *Linck*, in: Schaub, § 34 Rn. 2 ff. und § 35 Rn. 1 ff. jeweils m.w.N.

treffen.[371] Aufgrund der nur indiziellen Bedeutung für die Gleichwertigkeit von Arbeit sind die Gerichte jedoch zur eigenständigen Bestimmung gleichwertiger Arbeit berufen, obwohl die skizzierte Verbindung zu kollektiven Vergütungssystemen besteht. Das Unionsrecht in seiner Auslegung und Anwendung durch den EuGH verbietet dem nationalen Gericht, diese Wertungen als verbindlich zu behandeln.

b) Anspruch auf vertragsgemäße Beschäftigung

Eine entsprechende Friktion entsteht auch bezüglich des Anspruchs der Arbeitnehmer auf vertragsgemäße Beschäftigung.

Im Arbeitsverhältnis besteht grundsätzlich ein von der Rechtsprechung im Wege der Rechtsfortbildung entwickelter Anspruch des Arbeitnehmers auf vertragsgemäße Beschäftigung und damit korrespondierend eine Pflicht des Arbeitgebers, den Arbeitnehmer vertragsgemäß zu beschäftigen, wenn dieser es verlangt, § 611a Abs. 1 Satz 1, § 613 BGB i.V.m. § 242 BGB, der durch die Wertentscheidungen der Art. 1 und 2 GG ausgefüllt wird.[372] Die Erfüllung des Beschäftigungsanspruchs setzt regelmäßig eine Konkretisierung der Arbeitsleistung durch den Arbeitgeber im Rahmen seines Direktionsrechts gem. § 106 GewO voraus.[373] Dessen Inhalt richtet sich primär nach dem Inhalt des Arbeitsvertrags, der bei entsprechender Fassung die Übertragung unterschiedlicher Tätigkeiten kraft Weisung zulässt.[374]

Zwingende Voraussetzung ist, dass diese Tätigkeiten als gleichwertig anzusehen sind.[375] Die Gleichwertigkeit bestimmt sich grundsätzlich aus der auf den Betrieb abgestellten Verkehrsauffassung und dem sich daraus ergebenden Sozialbild, wobei bei Anwendung eines tariflichen Vergütungsgruppensystems regelmäßig die Einordnung in dieses als

371 Vgl. aber auch § 612 Abs. 2 BGB ggf. i.V.m. §§ 315, 317 BGB, dazu bspw. *Joussen*, in: BeckOK ArbR, BGB, § 611a Rn. 208 m.w.N.

372 St. Rspr., vgl. BAG, NZA 2022, 1407, Rn. 17 m.w.N.

373 Vgl. BAG, NZA 2014, 719.

374 St. Rspr. seit BAG, NZA 1996, 440 (440 f.).

375 Ebd.

Orientierung dienen soll, indes nicht allein durch die Vergütung hergestellt wird.[376] Die. vergütungsrechtliche Bewertung einer Tätigkeit lässt einen Rückschluss auf den Umfang des Direktionsrechts zu, als sie Wertungen der Verkehrsanschauung zum Ausdruck bringt und damit auf den Vertragswillen schließen lässt, was bei Qualifikationsmerkmalen der Fall ist, während soziale und personale Kriterien für den Inhalt der geschuldeten Arbeitsleistung und damit für die Frage der Gleichwertigkeit eine nur untergeordnete Bedeutung aufweisen.[377]

Im Einzelnen wurden die Grundzüge der Rechtsprechung des BAG mehrmals durch Instanzgerichte geschärft. Kriterien zur Ermittlung der Gleichwertigkeit sind insbesondere der unmittelbare Tätigkeitsinhalt, die Anzahl der unterstellten Mitarbeiter, der Umfang der Entscheidungsbefugnisse über den Einsatz von Sachmitteln oder Personal und die Einordnung der Stelle in der Betriebshierarchie.[378] Weitere Kriterien können relevant sein, wenn sie Vertragsbestandteil geworden sind, was durch Auslegung des Arbeitsvertrags gem. §§ 133, 157 BGB zu ermitteln ist.[379]

Insofern kommt es für die Gleichwertigkeit der Beschäftigung maßgeblich auf die Verkehrsanschauung, die vertraglichen Vereinbarungen und geltende Vergütungsstrukturen an. Die notwendige subjektive Wertung i.S.v. C.II. obliegt nicht primär den Gerichten. Sie können allenfalls auf vorbeschriebener Basis eigene Wertungen einbringen. Die Vorgaben zur Gleichwertigkeit von Arbeit stehen hierzu in einem Gegensatz und es kommt wiederum zu einer Zweigleisigkeit der Wertigkeit von Arbeit wegen der differenten Zuständigkeit für die notwendigen subjektiven Wertentscheidungen.

---

376 Ebd.

377 Ebd.

378 LAG Rheinland-Pfalz, BeckRS 2020, 14208, 2. Ls. und Rn. 50 m.w.N.

379 LAG Rheinland-Pfalz, BeckRS 2020, 14208, 3. Ls. und Rn. 51.

3. Öffentliches Dienstrecht im Übrigen

Im öffentlichen Dienstrecht ist der Ausgangspunkt für die Wertigkeit einer Tätigkeit der Beamten die Klärung der dienstrechtlichen Amtsbegriffe.[380]

a) Maßgeblichkeit der Amtsbegriffe für Tätigkeit und Besoldung

Unter dem statusrechtlichen Amt ist die Rechtsstellung des Beamten zum Dienstherrn zu verstehen, die durch die Zugehörigkeit zu einer Laufbahn und Laufbahngruppe, einer besoldungsrechtlichen Einstufung sowie eine Amtsbezeichnung gekennzeichnet ist.[381] Der Amtsbegriff im funktionellen Sinn ist zweiteilig, da zum einen der abstrakte Aufgabenkreis gemeint sein kann, sog. abstrakt-funktioneller Amtsbegriff, der innerhalb einer Behördenorganisation der Rechtsstellung des Amtsträgers entspricht und dementsprechend alle bei der Beschäftigungsbehörde eingerichteten Dienstposten umfasst.[382] Zum anderen beschreibt das konkret-funktionelle Amt, auch schlicht als Amt oder Dienstposten bezeichnet, den konkret übertragenen Aufgabenkreis, der regelmäßig in einem Organisations- bzw. Geschäftsverteilungsplan festgehalten ist.[383]

Im Rahmen des Anspruchs auf amtsangemessene Beschäftigung gem. Art. 33 Abs. 5 GG können die Beamten geltend machen, dass ihr Status- und Funktionsamt nicht dauerhaft auseinanderfällt, die Wertigkeit also nicht endgültig oder nicht „für einen von vornherein zeitlich begrenzten oder begrenzbaren, bestimmten oder bestimmbaren

380 Die auf H. J. Wolff basierende Differenzierung wurde durch die Rechtsprechung übernommen, vgl. *Bodanowitz*, in: Schnellenbach/Bodanowitz, § 3 Rn. 10; mittlerweile *Kluth*, in: Wolff/Bachof/Stober/Kluth, § 82 Rn. 186 ff. unter fortbestehendem Verweis auf *Behrens*, Beamtenrecht, § 2 Rn. 18 ff.

381 St. Rspr., vgl. BVerfGE 70, 251 (266) und BVerwGE 123, 107 (110) m.w.N.

382 Ebd.

383 Ebd.

Zeitraum“ voneinander abweicht oder das Funktionsamt gar dauerhaft entzogen oder vorenthalten wird.[384]

Aus dem Alimentationsprinzip gem. Art. 33 Abs. 5 GG folgt die Verpflichtung der Dienstherren zur amtsangemessenen und abgestuften Alimentation nach dem Statusamt.[385] Flankierend ist Art. 3 Abs. 1 GG zu beachten, wonach Beamte mit gleichen oder gleichwertigen Statusämtern in der Regel einen Anspruch auf gleiche Besoldung haben.[386] Die Maßgeblichkeit des Statusamts für die Besoldung ist weder ein Verstoß gegen das Alimentationsprinzip noch gegen das Leistungsprinzip gem. Art. 33 Abs. 2 und 5 GG, gesetzliche Anspruchsgrundlagen für Zulagen bei höherwertiger Tätigkeit sind verfassungsrechtlich nicht zwingend.[387] Diese Linie setzt sich bei der Beamtenversorgung fort, selbst soweit Statusamt und Funktion in der Praxis strukturell auseinanderfallen, haben betroffene Dienstposteninhaber im Zweifel nur den Anspruch auf amtsangemessene Beschäftigung, wobei das BVerfG die Verknüpfung von Status und Funktion als immerhin auch im Alimentationsprinzip verankert andeutet.[388]

---

384 St. Rpsr., vgl. BVerwG, Urt. v. 18.9.2008 – 2 C 8/07, Rn. 16, 20, juris; vgl. auch BVerwG, Beschl. v. 31.7.2019 – 2 B 56/18, Rn. 7, 11, juris jeweils m.w.N. „kein Selbsthilferecht durch Fernbleiben vom Dienst“; vgl. auch zur faktischen Beschäftigungslosigkeit BVerwG, Urt. v. 23.5.2002 – 2 A 5/01, juris.

385 St. Rspr., vgl. BVerfGE 130, 263; nach *Leisner-Egensperger*, NVwZ 2019, 425 (427) mit Verweis auf *T. I. Schmidt*, in: Hebeler/Kersten/Lindner, § 5 Rn. 12 m.w.N. ist der Grundsatz als verfassungsrechtliche Verankerung der Besoldungsgerechtigkeit eine bereichspezifische Ausdifferenzierung materieller Gerechtigkeit im Sinne des Art. 20 Abs. 3 GG.

386 Vgl. nur BVerfGE 26, 163; 107, 218.

387 St. Rspr., vgl. BVerwG, Beschl. v. 15.4.2019 – 2 B 51/18, Rn. 10, juris m.w.N.; Beschl. v. 26.1.2023 – 2 B 18/22, Rn. 11, juris; vgl. auch BVerfG, Beschl. v. 20.3.2007 – 2 BvL 11/04, Rn. 47, juris; daher ist auch die Abschaffung von Funktionszulagen nicht zu beanstanden; zur Bedeutung von Aufgabenzuschnitt und Dienstpostenbewertung für die Zulagengewährung auch BVerwG, Urt. v. 16.7.1998 – 2 C 25/97.

388 Vgl. BVerfG, Beschl. v. 4.5.2022 – 2 BvR 1330/16, Rn. 45 ff., juris und vorhergehend BVerwG, Urt. v. 17.3.2016 – 2 C 8/15.

b) Funktionswertigkeit und Dienstpostenbewertung

Die Funktionswertigkeit der Beamten wird im Rahmen einer Dienstpostenbewertung festgelegt. Die Dienstpostenbewertung bezeichnet den Zuordnungsakt eines statusrechtlichen Amtes zu einem konkret-funktionellen Amt.[389] Sie ist von besonderer Relevanz für den Anspruch der Beamten auf amtsangemessene Beschäftigung.[390] Man unterscheidet formal die normative Dienstpostenbewertung, also die Dienstpostenbewertung durch Gesetz, wobei es nicht darauf ankommen soll, ob es sich um ein formelles oder materielles Gesetz handelt,[391] von der nichtnormativen Dienstpostenbewertung[392] im Übrigen. Normative Dienstpostenbewertungen erfolgen herkömmlich über die Ausbringung funktionsgebundener Ämter in den Besoldungsordnungen als formelles Gesetz, die entweder das Amt nicht abstrakt, sondern nach der konkreten Funktion umschreiben oder bei denen zu dem abstrakten Begriff eine funktionsbezogene Bezeichnung hinzutritt.[393] Letztere stellen statusergänzende Zusätze zur Amtsbezeichnung dar.[394] Ein Statusamt mit Grundamtsbezeichnung ist hingegen nicht funktionsgebunden, auch nicht bei Vorhandensein eines auf die Fachrichtung der Laufbahn hinweisenden Zusatzes.[395] Diese Regelungstechnik führt dazu, dass die Dienstpostenbewertung mit der besoldungsrechtlichen Ämterbewertung, also der Zuordnung von Statusämtern zu

389 Zuletzt etwa BVerfGE 141, 56 und BVerwG NVwZ 2020, 1119; vgl. auch *Rittig*, DÖV 2016, 253 jeweils m.w.N.

390 Vgl. BVerwG, Urt. v. 30.6.2011 – 2 C 19/10, Rn. 27 mit Verweis auf Urt. v. 25.10.2007 – 2 C 30/07, Rn. 14, juris; Beschl. v. 21.1.2016 – 2 B 77/14, Rn. 18, juris.

391 Vgl. *Frank*, DÖD 2001, 8 (9); *Möller*, in: Schwegmann/Summer, BBesG, § 18 Rn. 10.

392 Der Begriff geht auf Rudolf Summer zurück, vgl. *Summer*, in: FS-Knöpfle, S. 369 (379); kritisch *Hillebrecht*, in Clemens/Millack, BBesG, § 18 Rn. 14.

393 Vgl. BVerwG, Urt. v. 11.7.1975 – VI C 44/72, juris; Urt. v. 29.4.1982 – 2 C 26/80, juris; Urt. v. 29.4.1982 – 2 C 41/80, juris; vgl. auch *Discher*, ZBR 2021, 325 (334) mit Beispielen.

394 Vgl. *Franke*, in: Fürst, GKÖD I K, § 81 Rn. 10 f.

395 Vgl. BVerwG, Urt. v. 17.12.1981 – 2 C 40/80, Rn. 25, juris: „Bibliotheksdirektor“; VGH BW, Beschl. v. 9.10.2018 – 4 S 1773/18, Rn. 7, juris: „Baudirektor“; vgl. auch *Möller*, in: Schwegmann/Summer, BBesG, § 18 Rn. 13 mit Verweis auf BT-Drs. 19/13396, S. 115 zur Besoldungsordnung B im Einzelnen.

Besoldungsgruppen,[396] sowie der Amtsangemessenheit der Alimentation verschmilzt.[397]

Die Dienstpostenbewertung ist heute separat von Bund und Ländern für ihren jeweiligen Regelungsbereich zentral in den einschlägigen Besoldungsgesetzen des Bundes und der Länder verankert. Seit dem Fortfall der Bundeskompetenz für das Besoldungsrecht mit der Föderalismusreform I galt das Bundesbesoldungsgesetz lediglich gem. Art. 125a Abs. 1 GG fort und konnte durch Landesrecht ersetzt werden.[398] Die Landesbesoldungsgesetze haben das Bundesrecht zwar teilweise ergänzt oder modifiziert, sich aber insgesamt weder formal noch inhaltlich nennenswert vom Bundesrecht gelöst.[399] Trotz normativer Besonderheiten im Einzelnen existiert eine einheitliche Rechtsprechung des BVerwG zur Dienstpostenbewertung. Hinzu tritt auch Rechtsprechung des BVerfG.

Die rechtlichen Anforderungen unterscheiden sich je nach Beamtengruppe und Art der Dienstpostenbewertung und müssen als komplex bezeichnet werden. Für besondere Dienst- und Amtsverhältnisse gelten weiterführende oder ganz anderweitige Regelungen.[400] Auch bei Ausübung eines besonderen Tätigkeitsfeldes durch Beamte gelten Spezialregelungen.[401] Im Hinblick auf die Komplexität der Anforderungen werden nachfolgend nur deren wesentlichen Grundzüge dargestellt.

Als maßgebliche Rechtsschranke normativer Dienstpostenbewertungen hat die Rechtsprechung den allgemeinen Gleichheitssatz gem. Art. 3 Abs. 1 GG identifiziert. Wegen des weiten Spielraums politischen Ermessens, innerhalb dessen der Gesetzgeber das Besoldungsrecht den tatsächlichen Notwendigkeiten und der fortschreitenden Entwicklung anpassen und verschiedenartige Aspekte berücksichtigen darf, ist irrelevant, ob der Gesetzgeber im Rahmen seiner weiten Gestaltungsfrei-

396 Vgl. *Reich*, in: Lenders/Peters/Weber, BBesG, § 20 Rn. 4.
397 Vgl. etwa bei OVG Nordrhein-Westfalen, Urt. v. 31.10.2023 – 3 A 2043/22, juris.
398 Vgl. *Wichmann*, in: Wichmann/Langer, Rn. 321.
399 Vgl. *Schnellenbach*, in: Schnellenbach/Bodanowitz, § 2 Rn. 28 ff.
400 Bspw. für die Wissenschaftsfreiheit *Kempen*, in: BeckOK GG, Art. 5 Rn. 184; für kommunale Wahlbeamte *Brüning*, Angemessenheit der Eingruppierung.
401 Vgl. § 8 S. 1 PostPersRG und § 12 Abs. 2 S. 1 BEZNG.

heit die gerechteste, zweckmäßigste und vernünftigste Lösung gewählt hat.[402] Erforderlich ist vor Unebenheiten, Friktionen und Mängeln ein plausibler und sachlich vertretbarer Differenzierungsgrund unter entsprechenden Vergleichsgesichtspunkten.[403] Für den subjektiven Rechtsschutz gelten die bekannten Einschränkungen bei einem Vorgehen gegen formelle Gesetze, über das Alimentationsprinzip gem. Art. 33 Abs. 5 GG in seiner subjektiv-rechtlichen Ausprägung steht angesichts der Besoldungsrelevanz normativer Dienstpostenbewertungen indessen zugunsten der Beamten immer verwaltungsgerichtlicher Inzidentrechtsschutz zur Verfügung.[404]

Nach ständiger Rechtsprechung des BVerwG erfolgt die nichtnormative Dienstpostenbewertung im Rahmen der gesetzlichen Vorgaben des Besoldungs- und des Haushaltsrechts durch den Dienstherrn aufgrund der ihm zustehenden organisatorischen Gestaltungsfreiheit.[405] Den Dienstherren obliegt die Entwicklung eigener, tätigkeitsbezogener Bewertungskonzepte in diesem rechtlichen Rahmen, die Dienstherren sind bei Abwesenheit normativer Dienstpostenbewertungen zur Vornahme einer nichtnormativen Dienstpostenbewertung als Organisationsermessensentscheidung verpflichtet.[406] Deren gerichtliche Nachprüfung ist bei beamtenrechtlichen Streitigkeiten auf Missbrauch und Willkür der Dienstherren beschränkt.[407] Einen Anspruch auf die „richtige" Dienstpostenbewertung i.S.e. richtlinientreuen Dienstpostenbewertung hat das BVerwG nur bei Beeinträchtigung bereits geschützter Rechtspositionen der Beamten bejaht.[408] In Verwaltungsstreitsachen anlässlich behördlicher Aufsichtsverfahren wurde zuletzt durch diverse Landesgerichte in Anknüpfung an die frühe Rechtsprechung des

402 St. Rspr., vgl. BVerfG, Beschl. v. 23.5.2017 – 2 BvR 883/14, Rn. 85, juris m.w.N.
403 Ebd.
404 BVerfGE 115, 81 (95 f.); BVerwGE 129, 199.
405 St. Rspr., vgl. BVerwG, Urt. v. 1.8.2019 – 2 A 3/18, 1. Ls. und Rn. 22 ff., juris m.w.N.
406 Ebd. und BVerwGE 140, 83.
407 St. Rspr., vgl. BVerwG, Urt. v. 1.8.2019 – 2 A 3/18, 1. Ls. und Rn. 22, 25, juris m.w.N.
408 *Lenders*, in: Lenders/Peters/Weber, BBesG, § 18 Rn. 115, vgl. BVerwGE 36, 192; einschränkend BVerwGE 38, 269; BVerwG, Urt. v. 10.8.1978 – II C 20/75, juris.

BVerwG hingegen eine Vollprüfungskompetenz der Gerichte vertreten, wobei eine aktuelle Rechtsauffassung des BVerwG fehlt.[409]

Im Gegensatz zu diesen Ausführungen bleibt es bei der Bestimmung gleichwertiger Arbeit zur Gewährleistung relativer Lohngerechtigkeit bei den umfassenden gerichtlichen Feststellungsbefugnissen unabhängig vom Bewertungssystem der Dienstherren, das lediglich die vorbeschriebenen begrenzten Wirkungen entfaltet. Unbeschadet dessen wird im Schrifttum dem besoldungsrechtlichen Regelungskonzept vornehmlich hinsichtlich der normativen Dienstpostenbewertung Mangelhaftigkeit unter der Annahme bescheinigt, dass die generellen Vorgaben zu Vergütungsstrukturen bzw. Entgeltsystemen bei der Dienstpostenbewertung verarbeitet werden müssen; wegen Undurchschaubarkeit soll dann im Streitfall um gleichen Lohn für gleichwertige Arbeit zumindest eine Umkehr der Darlegungs- und Beweislast stattfinden.[410] Normativen Dienstpostenbewertungen kommt jedoch eine Art „Kalibrierungsfunktion" zu, da vergleichbare Funktionen nicht unterschiedlich bewertet und zugeordnet werden dürfen.[411] In der Konsequenz hat die zuständige Stelle eine Anpassung des Bewertungssystems mit den normativen Dienstpostenbewertungen als Ankerpunkt vorzunehmen.[412] In dieser Pauschalität erscheint die Fallgruppe der Undurchschaubarkeit daher nicht einschlägig. Es kommt vielmehr auf das Bewertungssystem im Einzelnen an, soweit man die Dienstpostenbewertung überhaupt den Vorgaben an Entgeltsysteme unterwerfen will. Die herrschende deutsche Auffassung lehnt schon dies in Anbetracht der

409 Vgl. BVerwG, DVBl. 1969, 151 und OVG Lüneburg, DVBl. 1969, 77; BVerwGE 29, 279; einschränkend BVerwG, Beschl. v. 29.10.1979 – 7 B 215/79, Rn. 4, juris; aktuelle Ansichten etwa bei VG Braunschweig, KommJur 2021, 260; VG Mainz, Urt. v. 15.10.2019 – 3 K 14/19, Rn. 20 ff., juris; VG Neustadt (Weinstraße), Urt. v. 23.5.2022 – 3 K 600/21.NW, Rn. 35 ff., juris.

410 Siehe etwa *von Roetteken*, in: von Roetteken, AGG; EntgTranspG, § 4 Rn. 169 ff.; weiterführend mit Blick auf Art. 4 Abs. 4 EntgTransp-RL *ders.*, NZA-RR 2024, 169 (173).

411 Vgl. BVerwG, Urt. v. 28.10.1970 – VI C 48/68, Rn. 57, juris; *Discher*, ZBR 2021, 325 (334 f.).

412 Ebd.

Maßgeblichkeit des tätigkeitsfernen Statusamts für die Besoldung der Beamten ab.[413]

Infolge der gemeinsamen Strukturlinie einer notwendigen subjektiven Wertung führt ein Wechsel der primären Bewertungszuständigkeit zwischen den Dienstherren für die Dienstpostenbewertung und den Gerichten für die Gleichwertigkeit von Arbeit zu unterschiedlichen Bewertungsergebnissen und die Einheitlichkeit der Funktionswertigkeit ist in Frage gestellt, vgl. schon entsprechend D.II.2.a) und b) für das Arbeitsrecht. Eine Gleichwertigkeit i.S.d. öffentlichen Dienstrechts bedeutet unbeschadet der Frage, ob die Rücknahme der verwaltungsgerichtlichen Kontrolle auf Besonderheiten der subjektiven Rechtsschutzverfahren oder objektiv-rechtlich in der Organisationshoheit der Dienstherren wurzelt, wegen der differenten zuständigen Stelle i.S.v. C.III. nicht auch eine Gleichwertigkeit i.S.d. insbesondere geschlechtlichen Diskriminierungsverbote, obwohl die Dienstpostenbewertung ebenfalls auf einer Vergleichsbetrachtung beruht. Im Bereich der Verwaltungsgerichtsbarkeit tritt erschwerend hinzu, dass je nach einschlägiger Fragestellung ein Wechsel zwischen Amtsermittlungsgrundsatz und unionsrechtlich determinierter Darlegungs- und Beweislast in Rede steht, vgl. B.III.1.c)aa). Problematisch erscheint ferner, dass die Gerichte trotz dessen sowohl in der Schiene der Funktionswertigkeit der Dienstpostenbewertung als auch der Gleichwertigkeit von Arbeit einheitlich mit den Besoldungsgruppen der Besoldungsordnungen als Maßeinheit der Wertigkeit arbeiten.[414]

Zusammenfassend führen die fehlenden rechtlichen Vorgaben zum Bewertungssystem i.V.m. arbiträren Verschiebungen der zuständigen Stelle für erforderliche subjektive Wertungen zu erheblichen Friktionen. Die kritischen Erwägungen unter D.II.2.a) gelten entsprechend.

---

413 Zu recht kritisch *von Roetteken*, AGG, EntgTranspG, § 4 Rn. 169 f.

414 Vgl. VG Freiburg (Breisgau), Urt. v. 3.3.2023 – 5 K 664/21, Rn. 48 ff., juris.

III. Unionsrechtlich determinierte Diskriminierungsverbote mit Bezügen zur Gleichwertigkeit von Arbeit

Zuletzt bleibt darauf zu verweisen, dass unionsrechtlich determinierte Gleichheitssätze und Diskriminierungsverbote des deutschen Rechts, die auf die Gleichwertigkeit von Arbeit i.S.d. einheitlichen Rechtsprechung des EuGH abstellen, nicht als Konkretisierung des allgemeinen Gleichheitssatzes gem. Art. 3 Abs. 1 GG oder des arbeitsrechtlichen Gleichbehandlungsgebots interpretiert werden können, auch wenn Rechtsprechung und Schrifttum diese Feststellung immer wieder treffen wollen.[415] In dieser Allgemeinheit existiert im deutschen Recht zumindest kein allgemeiner Grundsatz gleichen Lohns für gleichwertige Arbeit, der konkretisiert werden könnte.[416] Die allgemeinen Bestimmungen des Art. 3 Abs. 1 GG und der arbeitsrechtliche Gleichbehandlungsgrundsatz garantieren keine entsprechende Gleichbehandlung. Die deutschen Bestimmungen sind vielmehr unionsrechtlich überformt. Die besonderen Gewährleistungen können allenfalls als entsprechende Teilkonkretisierung beurteilt werden.

---

415 In diesem Sinne etwa zum TzBfG BAG, NZA 2013, 955, Rn. 25; in dieser Allgemeinheit auch *Bayreuther*, in: BeckOK ArbR, TzBfG, § 4 Vor Rn. 1; unter Abstellung auf mögliche Begünstigungen im Einzelfall *Preis*, in: ErfKArbR, TzBfG, § 4 Rn. 13 m.w.N.; so auch *Müller-Glöge*, in: MüKo-BGB, TzBfG, § 4 Rn. 17 unter der Feststellung zur Vorgängernorm, dass der Vertragsfreiheit kein Vorrang zukommt, m.w.N.

416 Ausdrücklich BAG, NZA 2000, 1050 m.w.N.; vgl. auch BAG, NZA-RR 2012, 530, Rn. 53.

E. Fazit

Die Frage nach der Gleichwertigkeit von Arbeit wird auf völkerrechtlicher Ebene aufgeworfen, aber nicht beantwortet und stattdessen nur in sachliche Bahnen gelenkt. Der Grundsatz gleichen Lohns für gleichwertige Arbeit spielt vor allem im Zusammenhang mit der Entgeltgleichheit eine Rolle. Abweichend sehen Art. 23 Nr. 2 AEMR und Art. 7 lit. a) Ziff. i) IPWSKR gleichen Lohn für gleichwertige Arbeit in allgemeiner Art vor.

Im Unionsrecht existiert der Grundsatz gleichen Lohns für gleichwertige Arbeit nur im Licht des Antidiskriminierungsrechts unter Anknüpfung an besonders geschützte Merkmale. In völkerrechtlicher Tendenz erfolgt insbesondere durch die Rechtsprechung des EuGH eine sachliche Einhegung der Feststellung gleichwertiger Arbeit unter prozessualen Besonderheiten. Inhaltliche Kriterien finden sich hingegen kaum. Die nationalen Gerichte werden als zuständige Stelle festgelegt, die im Streitfall die notwendigen subjektiven Feststellungen zur Gleichwertigkeit zu treffen haben.

Das deutsche Recht kennt herkömmlich keinen allgemeinen Grundsatz gleichen Lohns für gleichwertige Arbeit. Unter völker- und unionsrechtlicher Determinierung wird das Prinzip gleichen Lohns für gleichwertige Arbeit im Rahmen besonderer Diskriminierungsverbote bzw. Gleichheitssätze verarbeitet. Auch der deutsche Gesetzgeber überlässt die inhaltliche Entscheidung über die Gleichwertigkeit von Arbeit maßgeblich den Gerichten, die ihre Entscheidungsfreiheit bislang kaum betätigt haben. Das BAG verweist auf die Methoden der Arbeitswissenschaft, ohne diese fruchtbar zu machen.

Zur Bestimmung der Gleichwertigkeit von Arbeit ist eine Vergleichsbetrachtung notwendig. Es kommt auf das relative Verhältnis des Wertes von Arbeit zueinander an. Die Bestimmung des Wertes von Arbeit als Vergleichsbasis ist jedoch streitig, nicht geklärt und mit Rechtsunsicherheit verbunden. Weder der Marktwert einer Tätigkeit noch die konkrete Vergütung sind objektive Maßeinheiten. Subjektive Entscheidungen werden zwingend erforderlich, die nicht objektiviert werden können.

Diese Entscheidungen obliegen in der derzeitigen Ausgestaltung den nationalen Gerichten, wurden aber außerhalb der Diskriminierungsverbote bzw. Gleichbehandlungsgebote auch auf anderweitige Stellen delegiert, vgl. §§ 17 f. und 21 EntgTranspG. Hinsichtlich der grundrechtlichen Freiheiten der Arbeitgeber, Arbeitnehmer und der Tarifvertragsparteien sowie der Organisationsgewalt der Dienstherren mag man dies kritisieren. Es bleibt aber unter unionsrechtlicher Determinierung dabei, dass kollektive Vergütungsstrukturen bzw. Entgeltsysteme lediglich indizielle Bedeutung im Rahmen der gerichtlichen Feststellungsbefugnis der Gleichwertigkeit von Arbeit zukommt, selbst wenn diese den einschlägigen Rechtsvorgaben genügen und deren Auslegung und Anwendung voll justiziabel sind. Unbeschadet dessen wird ein Zusammenhang zwischen Einstufungen in kollektive Vergütungssysteme und der Gleichwertigkeit von Arbeit durch die Gesetzgeber hergestellt, wenn diese zur Gewährleistung von Lohngerechtigkeit bei gleichwertiger Arbeit besonderen rechtlichen Anforderungen unterworfen und als ein Lösungsansatz zur Herstellung von Entgeltgleichheit angesehen werden.

Diese Ausgestaltung führt im Mehrebensystem zu vielfältigen Friktionen. Vorliegend wurden drei besondere Problemkreise herausgearbeitet.

Durch die zukünftige Verpflichtung nach Art. 4 Abs. 1 EntgTransp-RL zur Nutzung rechtskonformer Vergütungsstrukturen wird der Grundsatz gleichen Lohns für gleichwertige Arbeit im deutschen Recht nach Maßgabe des arbeitsrechtlichen Gleichbehandlungsgrundsatzes bzw. des Art. 3 Abs. 1 GG Realität werden. Obwohl die deutsche Rechtsordnung keinen derartigen allgemeinen Grundsatz kennt, können die abstrakten Regeln der Entgeltsysteme durch den einzelnen Arbeitnehmer geltend gemacht werden, auch wenn Begünstigungen im Einzelfall nicht ausgeschlossen sind.

Weitere erhebliche Friktionen entstehen dadurch, dass vor dem Hintergrund der grundrechtlichen Freiheiten sowie der Organisationshoheit die notwendigen subjektiven Wertentscheidungen im Arbeitsrecht bzw. öffentlichen Dienstrecht im Übrigen hinsichtlich der Wertigkeit einer Tätigkeit im Gegensatz zur unionsrechtlich determinierten Gleichwertigkeit von Arbeit nicht primär den Gerichten zugewiesen sind. Durch die differente Zuständigkeit für die subjektiven Wertentscheidungen entstehen parallele Strukturen der Wertigkeit von Arbeit.

Eine bislang kaum bedachte Verwerfung dogmatischer Art entsteht durch die Abwesenheit eines allgemeinen Rechtsgrundsatzes gleichen Lohns für gleichwertige Arbeit in der deutschen Rechtsordnung in Anbetracht der auf die Gleichwertigkeit von Arbeit bezogenen unionsrechtlich determinierten besonderen Diskriminierungsverbote bzw. Gleichheitssätze. Diese können nicht als umfassende Konkretisierung des arbeitsrechtlichen Gleichbehandlungsgebots oder des Art. 3 Abs. 1 GG angesehen werden, da Ungleichbehandlungen bei gleichwertiger Arbeit nicht abgedeckt werden. Sie stellen höchstens entsprechende Teilkonkretisierungen dar.

Abschließend bleibt festzuhalten, dass die unionsrechtlich determinierte Gleichwertigkeit von Arbeit i.S.d. relativen Lohngerechtigkeit in ihrer derzeitigen Ausgestaltung ein Fremdkörper im Arbeitsrecht bzw. öffentlichen Dienstrecht ist und vielfältige Friktionen auslöst. Auch innerunional scheint Uneinigkeit zu herrschen. Die EntgTransp RL preist etwa Entgeltsysteme bzw. Vergütungsstrukturen als einen Lösungsansatz für Entgeltgleichheit an und stellt so eine Verbindung zwischen der Wertigkeit von Arbeit und Vergütungsstrukturen her, vgl. EG Nr. 26 und 31. Auf der anderen Seite misst der EuGH bei der Bestimmung gleichwertiger Arbeit derartigen Entgeltsystemen nur indizielle Bedeutung bei und geht von richterlicher Feststellungshoheit aus. Der EuGH scheint es mit Karl Marx zu halten, der im Jahr 1865 plakativ davon ausging, dass nach gleicher oder gar gerechter Entlohnung auf

Basis des Lohnsystems zu rufen, dasselbe sei, wie auf Basis des Systems der Sklaverei nach Freiheit zu rufen.[417]

Zur Behebung maßgeblicher Friktionen zumindest hinsichtlich der Bestimmung gleichwertiger Arbeit wäre eine Rechtsprechungsänderung des EuGH notwendig. Diese sollte nach dem Kern der unionalen Kompetenzen ausgerichtet werden und die zuständige Stelle i.S.v. C.III., die die notwendigen subjektiven Wertungen für die Bestimmung gleichwertiger Arbeit zu treffen hat, entsprechend dem Subsidiaritätsprinzip gem. Art. 5 Abs. 3 EUV den Mitgliedstaaten in ihrer Tradition überlassen, so wie es inhaltlich auch im Übrigen bei der Bestimmung der Wertigkeit von Arbeit gehalten wird. Konkret muss die Rechtsprechung des EuGH zur bloßen Indizwirkung der Einstufung in Entgeltsysteme beseitigt werden, wie diese nach wohl herrschender Auffassung § 4 Abs. 5 S. 2 und Abs. 6 EntgTranspG entgegensteht. Die Regelungen des § 4 Abs. 5 S. 2 und Abs. 6 EntgTranspG reichen in diesem Sinne sogar zu kurz, da ebenfalls außerhalb der tarifvertraglichen bzw. gesetzlichen Bestimmungen in einer Vergütungsstruktur gefällte Wertungen nach allgemeinen Grundsätzen verbindlich zu berücksichtigen wären. Einen Ansatzpunkt für diese Rechtsprechungsänderung liefern die umfangreichen Vorgaben der neuen EntgTransp-RL. Zukünftig müssen Vergütungsstrukturen bzw. Entgeltsysteme eine Gesamtheit an Bewertungsfaktoren abdecken, diese werden rechtlich verpflichtend.

Im deutschen Recht würden in diesem Sinne vorrangig die Tarifvertragsparteien bzw. die Dienstherren zum Zuge kommen. Die nationalen Gerichte könnten die Einstufung in die Vergütungssysteme unter Achtung der gegebenen Wertentscheidungen bzw. Einschätzungsprärogativen in herkömmlicher nationaler Dogmatik nachprüfen und wie bewährt eigene Wertentscheidungen einbringen. Auf die anerkannte Dogmatik ist zu verweisen. Eine teilweise eingeschränkte gerichtliche Nachprüfung wäre unproblematisch, da die Gerichte immer auch mittelbare Diskriminierungen im Hinblick auf geschützte Merkmale zu

417 *Marx*, Die neue Zeit 1898, S. 76.

berücksichtigen hätten, eine Umgehung der Diskriminierungsverbote also nicht möglich ist.

In diesem Sinne würde auch die Bedeutung der problematischen Konturlosigkeit gleichwertiger Arbeit erheblich verringert werden, da mit dem einheitlichen Bewertungssystem, so wie es künftig gem. Art. 4 Abs. 1 EntgTransp-RL verpflichtend sein wird, eine belastbare Vergleichsgrundlage gegeben wäre und es nur subsidiär unter Verschiebung der unionsrechtlich determinierten Darlegungs- und Beweislast auf die gerichtliche Bewertung ankommen würde, soweit derartige Entgeltsysteme fehlen oder mangelhaft ausgestaltet sind, vgl. B.II.1.b) und c) sowie 2.d).

F. Literaturverzeichnis

Annuß, Georg: Entgelttransparenzgesetz – doch kein zahnloser Tiger? Zugleich Besprechung von BAG v. 21.1.2021 – 8 AZR 488/19, NZA 2021, 1011, in: NZA 2021, S. 1538–1541.

Ascheid, Reiner (Begr.)/ Linck, Rüdiger (Hrsg.)/ Preis, Ulrich (Hrsg.)/ Schmidt, Ingrid (Hrsg.): Kündigungsrecht, 7. Aufl., München 2024 (zit. *Bearbeiter*, in: Ascheid/Preis/Schmidt, Gesetz, § Rn.).

Bauer, Jobst-Hubertus/ *Krieger*, Steffen/ *Günther*, Jens: AGG EntgTranspG, 5. Aufl., München 2018 (zit. *Bauer/Krieger/Günther*, Gesetz, § Rn.).

Bauer, Jobst-Hubertus/ *Günther*, Jens/ *Romero*, Sibylle: Offene Fragen des Entgelttransparenzgesetzes – was Arbeitgeber beachten sollten, in: NZA 2017, S. 809–814.

Bauer, Jobst-Hubertus/ *Romero*, Sibylle: Der individuelle Auskunftsanspruch nach dem Entgelttransparenzgesetz, in: NZA 2017, S. 409–413.

BeckOK Arbeitsrecht: hrsg. v. Rolfs, Christian/ Giesen, Richard/ Meßling, Miriam/ Udsching, Peter, 73. Edition, Stand: 1.9.2024, München 2024 (zit. *Bearbeiter*, in: BeckOK ArbR, Gesetz, § Rn.).

BeckOK BGB: hrsg. v. Hau, Wolfgang/ Poseck, Roman, 72. Edition, Stand: 1.11.2024, München 2024 (zit. *Bearbeiter*, in: BeckOK BGB, Gesetz, § Rn.).

BeckOK Grundgesetz: hrsg. v. Epping, Volker/ Hillgruber, Christian, 59. Edition, Stand: 15.9.2024, München 2024 (zit. *Bearbeiter*, in: BeckOK GG, Art. Rn.).

Beck-Online Grosskommentar zum Zivilrecht: Gesamthrsg v. Gsell, Beate/ Krüger, Wolfgang / Lorenz, Stephan/ Reymann, Christoph, München 2024 (zit. *Bearbeiter*, in: BeckOGK, Gesetz, Stand, § Rn.).

Behrens, Hans-Jörg: Beamtenrecht, 2. Aufl., München 2001 (zit. *Behrens*, Beamtenrecht, § Rn.).

Benecke, Martina: Entgeltdiskriminierung wegen des Geschlechts – Das Bundesarbeitsgericht im europäischen Trend, in: EuZA 2024, S. 263–276.

Beyerlin, Ulrich: Die Koalitionsfreiheit der Arbeitnehmer in den Menschenrechtsinstrumenten der Vereinten Nationen, in: Max-Planck-Institut für Ausländisches Öffentliches Recht und Völkerrecht: Die Koalitionsfreiheit des Arbeitnehmers, Teil 2, Berlin u.a. 1980, S. 1153–1181 (zit. *Beyerlin*, in: Max-Planck-Institut, Koalitionsfreiheit II, S.).

Bickenbach, Christian: Das Subsidiaritätsprinzip in Art. 5 EUV und seine Kontrolle, in: EuR 2013, S. 523–549.

BMFSFJ: Lohngerechtigkeit, Hintergrundinformation v. 29.9.2023, online abrufbar unter https://www.bmfsfj.de/bmfsfj/themen/gleichstellung/frauen-und-arbeitswelt/lohngerechtigkeit.

Böckenförde, Ernst-Wolfgang: Die Organisationsgewalt im Bereich der Regierung, Berlin 1964 (zit. *Böckenförde*, Organisationsgewalt, S.).

Bredemeier, Jörg (Begr.)/ Neffke, Reinhard (Begr.), TVöD/TV-L, 6. Aufl., München 2022 (zit. *Bearbeiter*, in: Bredemeier/Neffke, Teil, [§] Rn.).

Brune, Ulrike/ *Brune*, Martin: Das Entgelttransparenzgesetz – auch ein Auftrag für die Gerichte, in: BB 2019, S. 436–447.

Brüning, Christoph: Angemessenheit der Eingruppierung kommunaler Wahlbeamtinnen und Wahlbeamter, Baden-Baden 2020 (zit. *Brüning*, Angemessenheit der Eingruppierung, S.).

Buschmann, Marco/ *Daiber*, Birgit: Subsidiaritätsrüge und Grundsatz der begrenzten Einzelermächtigung, in: DÖV 2011, S. 504–509.

Butzer, Hermann: Zum Begriff der Organisationsgewalt: Vom „Hausgut" der Exekutive zum „Hausgut" aller Verfassungsorgane und Autonomieträger?, in: VerwArch 1994, S. 157–174.

Callies, Christian (Hrsg.)/ Ruffert, Matthias (Hrsg.): EUV/AEUV mit Europäischer Grundrechtecharta, Kommentar, 6. Aufl., München 2022 (zit. *Bearbeiter*, in: Callies/Ruffert, Vertrag, Art. Rn.).

Clemens, Horst (Begr.)/ Millack, Christian (Begr.)/ Engelking, Helmut (Begr.)/ Lantermann, Heinrich (Begr.)/ Henkel, Karl-Heinz (Begr.): Besoldungsrecht des Bundes und der Länder, Kommentar, 121. Aktualisierung 2024, Stuttgart u.a. 2024 (zit. *Bearbeiter*, in: Clemens/Millack, Gesetz, § Rn.).

Däubler, Wolfgang (Hrsg.): Tarifvertragsgesetz mit Arbeitnehmer-Entsendegesetz, 5. Aufl., Baden-Baden 2022 (zit. *Bearbeiter*, in: Däubler, Gesetz, § Rn.).

Däubler, Wolfgang (Hrsg.)/ Beck, Thorsten (Hrsg.): Allgemeines Gleichbehandlungsgesetz, 5. Aufl., Baden-Baden 2022 (zit. *Bearbeiter*, in: Däubler/Beck, Gesetz, § Rn.).

Dauses, Manfred A. (Begr.)/ Ludwigs, Markus (Hrsg.): Handbuch des EU-Wirtschaftsrechts, Stand: September 2024, München 2024 (zit. *Bearbeiter*, in: Dauses/Ludwigs, Buchstabe Ziff. Rn.).

Dederer, Hans-Georg: Unmittelbare Anwendbarkeit von völkerrechtlichen Verträgen und Völkergewohnheitsrecht – Deutschland, in: ZaöRV 2023, S. 671–694.

Discher, Thomas: Die Dienstpostenbewertung – Der blinde Fleck des Beamtenrechts, in: ZBR 2021, S. 325–342.

Dürig, Günter (Begr.)/ Herzog, Roman (fortg.)/ Scholz, Rupert (Hrsg.): Grundgesetz: Kommentar, 104. EL April 2024, München 2024 (zit. *Bearbeiter*, in: Dürig/Herzog/Scholz, GG, Art. Rn.).

Erfurter Kommentar zum Arbeitsrecht: hrsg. v. Müller-Glöge, Rudi/ Preis, Ulrich/ Gallner, Inken/ Schmidt, Ingrid, 25. Aufl., München 2025 (zit. *Bearbeiter*, in: ErfKArbR, Gesetz, Art./§ Rn.).

Franzen, Martin (Hrsg.)/ Gallner, Inken (Hrsg.)/ Oetker, Hartmut (Hrsg.): Kommentar zum europäischen Arbeitsrecht, 5. Aufl., München 2024 (zit. *Bearbeiter*, in: Franzen/Gallner/Oetker, Gesetz/Vertrag, §/Art. Rn.).

Feldhoff, Kerstin: Der Anspruch auf gleichen Lohn für gleichwertige Arbeit, Baden-Baden 1998 (zit. *Feldhoff*, Der Anspruch auf gleichen Lohn für gleichwertige Arbeit, S.).

Frank, Beate: Dienstpostenbewertung und Bestenauslese, in: DÖD 2001, S. 8–16.

Franzen, Martin: Die EU-Mindestlohnrichtlinie 2022/2041, in: EuZA 2024, S. 3–21.

Franzen, Martin: Anwendungsfragen des Auskunftsanspruchs nach dem Entgelttransparenzgesetz (EntgTranspG), in: NZA 2017, S. 814–819.

Fuchs, Maximilian: Das Gleichbehandlungsgebot in der Leiharbeit nach der neuen Leiharbeitsrichtlinie, in: NZA 2009, S. 57–63.

Fuhlrott, Michael: Der arbeitsrechtliche Gleichbehandlungsgrundsatz als Anspruchsnorm, in: ArbRAktuell 2015, S. 141–144.

Fürst, Walther (Begr.): Gesamtkommentar Öffentliches Dienstrecht (GKÖD), Bd. I: Beamtenrecht des Bundes und der Länder, Richterrecht und Wehrrecht, Kommentar, Aktualisierung 6/2024, Berlin 2024 (zit. *Bearbeiter*, in: GKÖD I Buchstabe, § Rn.).

Gatz, Stefan: Geschlechterdiskriminierung im Arbeitsverhältnis, Beweiserleichterung bei Entgeltgleichheitsklagen, in: NJW 2021, S. 3563–3566.

Gemeinschaftskommentar zum Teilzeitarbeitsrecht (GK-TzA): hrsg. v. Becker, Friedrich, Neuwied u.a. 1987 (zit. *Bearbeiter*, in: GK-TzA, Gesetz, § Rn.).

Göpfert, Burkhard/ *Giese*, Katja: Entgelttransparenzgesetz – Folgt jetzt die Klagewelle?, in: NZA 2018, S. 207–210.

Greiner, Stefan: Kernfragen des novellierten Gleichstellungsgrundsatzes im Recht der Arbeitnehmerüberlassung (§ 8 AÜG), in: RdA 2017, S. 153–161.

Grillberger, Konrad: Mindestlöhne im Internationalen Arbeitsrecht, in: EuZA 2018, S. 143–154.

Grimm, Detlef/ *Freh*, Stefan: Der Auskunftsanspruch nach dem Entgelttransparenzgesetz – Inhalt, Verfahren und Anforderungen, in: ArbRB 2017, S. 182–186.

Günther, Jens/ *Schiffelholz*, Mona: Die Entgelttransparenzrichtlinie: Inhalte und Unterschiede zum Entgelttransparenzgesetz, in: NZA-RR 2023, S. 568–574.

Günther, Jens/ *Schiffelholz*, Mona/ *Westenrieder*, Christoph: Entgeltgleichheit auf Kosten der Tarifautonomie?, in: NZA 2024, S. 1305–1310.

Hamann, Wolfgang: Die Richtlinie Leiharbeit und ihre Auswirkungen auf das nationale Recht der Arbeitnehmerüberlassung, in: EuZA 2009, S. 287–331.

Hamm, Brigitte/ *Kocks*, Alexander: 40 Jahre UN-Sozialpakt: Bilanz und Perspektiven, in: Die Friedens-Warte 1/2006, S. 87–106.

Hebeler, Timo (Hrsg.)/ Kersten, Jens (Hrsg.)/ Lindner, Josef Franz (Hrsg.): Handbuch Besoldungsrecht: Rechtsgrundlagen, Besoldungssystem, Rechtsschutz, München 2015 (zit. *Bearbeiter*, in: Hebeler/Kersten/Lindner, § Rn.).

Heimann, Till/ *Weinzierl*, Anabel: Handlungsbedarfe für Unternehmen im Lichte der EU-Entgelttransparenzrichtlinie, in: BB 2024, S. 884–892.

Henssler, Martin: Fremdpersonaleinsatz durch On-Site-Werkverträge und Arbeitnehmerüberlassung – offene Fragen und Anwendungsprobleme des neuen Rechts, in: RdA 2017, S. 83–100.

Henssler, Martin (Hrsg.)/ Willemsen, Heinz Josef (Hrsg.)/ Kalb, Heinz-Jürgen (Hrsg.): Arbeitsrecht, Kommentar, 11. Aufl., Köln 2024 (zit. *Bearbeiter*, in: Henssler/Willemsen/Kalb, Gesetz, § Rn.).

Herbig, Milena: Rechtsfragen der Eingruppierung im öffentlichen Dienst, Berlin 2025 (zit. *Herbig*, Eingruppierung, S.).

Heusel, Wolfgang: „Weiches" Völkerrecht, Baden-Baden 1991 (zit. *Heusel*, „Weiches" Völkerrecht, S.).

Holler, Daniel E.: § 14 Absatz I 1 EntgTranspG – Ein durchsetzbarer Arbeitnehmeranspruch gegen den Betriebsrat?, in: NZA 2017, S. 822–828.

Husemann, Tim: Der Richtlinienvorschlag der Kommission zur Stärkung des Grundsatzes der Entgeltgleichheit, in: EuZA 2022, S. 166–185.

ILO: History of the ILO, 2024, online abrufbar unter https://www.ilo.org/about-ilo/history-ilo.

ILO: Hintergrund: Der lange Weg zum gleichen Lohn v. 30.6.2016, abrufbar unter: https://www.ilo.org/de/resource/article/hintergrund-der-lange-weg-zum-gleichen-lohn.

ILO: Ein ILO-Leitfaden für genderneutrale Tätigkeitsbewertung, Dritte Veröffentlichung, Genf 2016, online abrufbar unter https://www.ilo.org/sites/default/files/wcmsp5/groups/public/@europe/@ro-geneva/@ilo-berlin/documents/publication/wcms_526195.pdf (zit. ILO, Ein ILO-Leitfaden für genderneutrale Tätigkeitsbewertung, S.).

Jarass, Hans D.: Charta der Grundrechte der Europäischen Union, 4. Aufl., München 2021 (zit. *Jarass*, GRC, Art. Rn.).

Jochmann-Döll, Andrea: Gleiches Entgelt für gleichwertige Arbeit (K)ein Thema für die Betriebswirtschaftslehre?!, in: Betriebswirtschaftslehre und Gender Studies, hrsg. v. Krell, Gertraude, Wiesbaden 2005, S. 185–204 (*Jochmann-Döll*, in: Krell, S.).

Jochmann-Döll, Andrea: Entgelttransparenz herstellen und Entgeltgleichheit prüfen – mit eg-check.de, in: RdA 2017, S. 169–177.

Jochmann-Döll, Andrea/ *Tondorf*, Karin: Gleiches Entgelt für gleichwertige Arbeit? Die Entgeltordnung des Tarifvertrags der Länder (TV-L) auf dem Prüfstand, hrsg. v. der Antidiskriminierungsstelle des Bundes, Berlin 2018, abrufbar unter: https://www.antidiskriminierungsstelle.de/SharedDocs/Downloads/DE/publikationen/Entgelt_UN_Gleichheit/TV_L.html (zit. *Jochmann-Döll/Tondorf*, Gleiches Entgelt, S.).

Jung, Stefanie: Die EU-Entgelttransparenz-Richtlinie Eckpunkte und Umsetzungsspielräume, in: RdA 2024, S. 89–94.

Kamanabrou, Sudabeh: Die Auslegung und Fortbildung des normativen Teils von Tarifverträgen, Berlin 1997 (zit. *Kamanabrou*, Die Auslegung und Fortbildung des normativen Teils von Tarifverträgen, S.).

Kischel, Uwe (Hrsg.)/ Kube, Hanno (Hrsg.): Handbuch des Staatsrechts, Bd. II: Gewinnung und Grundprinzipien des Staatsrechts, Heidelberg 2024 (zit. *Bearbeiter*, in: Kischel/Kube, HdBStR II, § Rn.).

Kiekebusch, Dirk: Der Grundsatz der begrenzten Einzelermächtigung, Tübingen 2017 (zit. *Kiekebusch*, Der Grundsatz der begrenzten Einzelermächtigung, S.).

Kiel, Heinrich (Hrsg.)/ Lunk, Stefan (Hrsg.)/ Oetker, Hartmut (Hrsg.): Münchener Handbuch zum Arbeitsrecht, Bd. 1: Individualarbeitsrecht I, 6. Aufl., München 2024 (zit. *Bearbeiter*, in: Kiel/Lunk/Oetker, § Rn.).

Kiel, Heinrich (Hrsg.)/ Lunk, Stefan (Hrsg.)/ Oetker, Hartmut (Hrsg.): Münchener Handbuch zum Arbeitsrecht, Bd. 3: Kollektives Arbeitsrecht I, 5. Aufl. München 2022 (zit. *Bearbeiter*, in: Kiel/Lunk/Oetker, § Rn.).

Kissel, Otto Rudolf: Arbeitskampfrecht, München 2002 (zit. *Kissel*, ArbeitskampfR, § Rn.).

Kocher, Eva: Das Entgelttransparenzgesetz: ein Gesetz (nur) für Betriebsräte?, in: AuR 2018, S. 8–18.

Körner, Marita: Mindestlohnanforderungen im internationalen Arbeitsrecht, in: NZA 2011, S. 425–430.

Körner-Dammann, Marita: Bedeutung und faktische Wirkung von ILO-Standards, Baden-Baden 1991 (zit. *Körner-Dammann*, ILO-Standards, S.).

Knebel, Heinz/ *Zander*, Ernst: Arbeitsbewertung und Eingruppierung, 2. Aufl., Heidelberg 1989 (zit. *Knebel/Zander*, Arbeitsbewertung und Eingruppierung, S.).

KR – Gemeinschaftskommentar zum Kündigungsschutzgesetz und zu sonstigen kündigungsschutzrechtlichen Vorschriften: hrsg. v. Bubach, Bettina/ Gallner, Inken/ Heinkel, Ronny u.a., 13. Aufl., Köln 2022 (zit. *Bearbeiter*, in: KR, Gesetz, § Rn.).

Kraußer, Hans-Peter: Das Prinzip begrenzter Einzelermächtigung im Gemeinschaftsrecht als Strukturprinzip des EWG-Vertrages, Berlin 1991 (zit. *Kraußer*, Das Prinzip begrenzter Einzelermächtigung, S.).

Krell, Gertraude/ *Winter*, Regine: Anforderungsabhängige Entgeltdifferenzierung: Orientierungshilfen auf dem Weg zu einer diskriminierungsfreieren Arbeitsbewertung, in: Chancengleichheit durch Personalpolitik, hrsg. v. Krell, Gertraude/ Ortlieb, Renate/ Sieben, Barbara, Wiesbaden 2011, S. 334–360 (zit. *Krell/Winter*, in: Krell/Ortlieb/Sieben, S.).

Krieger, Steffen/ *Plambeck*, Ruben: Entgelttransparenzgesetz – Einführung objektiver Vergütungssysteme, in: NZA 2023, S. 1001–1008.

Krüger, Laura: Prozessuale Probleme bei der Durchsetzung der Ansprüche auf Auskunft und Anpassung nach dem Entgelttransparenzgesetz, in: NZA 2022, S. 956–963.

Krüger, Laura: Vorschläge zur Änderung des Entgelttransparenzgesetzes Zur besseren Durchsetzbarkeit der Ansprüche auf Auskunft und Entgeltanpassung, in: NZA 2022, S. 1659–1662.

Langemann, Moritz/ *Wilking*, Felix: Mehr Entgeltgerechtigkeit zwischen Frauen und Männern? – Bundeskabinett beschließt Entwurf eines Entgelttransparenzgesetzes, in: BB 2017, S. 501–506.

Lasserre, Caroline: „Rasse"-Begriff der Grundrechtecharta, in: NZA 2022, S. 302–307.

Laux, Helga (Hrsg.)/ Schlachter, Monika (Hrsg.): Teilzeit- und Befristungsgesetz, 2. Aufl., München 2011 (zit. *Bearbeiter*, in: Laux/Schlachter, Gesetz, § Rn.).

Leisner-Egensperger, Anna: Das System der Beamtenbesoldung: Verfassungsrechtliche Strukturen und aktuelle Perspektiven, in: NVwZ 2019, S. 425–432.

Lenders, Dirk (Hrsg.)/ Peters, Cornelia (Hrsg.)/ Weber, Klaus (Hrsg.)/ Grunewald, Beate (Hrsg.)/ Lösch, Bettina (Hrsg.): Das Dienstrecht des Bundes, 2. Aufl., Köln 2013 (zit. *Bearbeiter*, in: Lenders/Peters/Weber, Gesetz, § Rn.).

Lillemeier, Sarah: Entgeltgleichheit – Anforderungen einer geschlechtsneutralen Arbeitsbewertung und Entlohnung, in: AuR 2018, S. 119–122.

Lohmann, Jakob: Das Scheininstitut der unmittelbaren Anwendbarkeit, Berlin 2019 (zit. *Lohmann*, Scheininstitut, S.).

Löw, Hans-Peter/ *Oldehaver*, Nina: Stärkung der Tarifautonomie, der Tarifpartner und der Tarifbindung – Kritische Bestandsanalyse und alternative Optionen, in: NZA 2024, S. 88–92.

Löwisch, Manfred: Entgelttransparenz von Tarifverträgen, in: ZTR 2022, S. 579–581.

Löwisch, Manfred/ *Rieble*, Volker: Tarifvertragsgesetz, 5. Aufl., München 2023 (zit. *Löwisch/Rieble*, TVG, § Rn.).

Marek, Lukas/ *Sawodny*, Svenja: Neue Richtlinie der Europäischen Union zur Entgelttransparenz, in: ArbRAktuell 2023, S. 397–400.

Marx, Karl: Lohn, Preis und Profit. Vortrag gehalten im Generalrath der „Internationale" am 26. Juni 1865, Übersetzt von E. R. Bernstein, in: Die neue Zeit. Revue des geistigen und öffentlichen Lebens. 16.1897 – 98, 2. Bd. (1898), Heft 29, S. 68–76 (zit. *Marx*, Die neue Zeit 1898, S.).

Meinel, Gernod (Hrsg.)/ Heyn, Judith (Hrsg.)/ Herms, Sascha (Hrsg.): TzBfG, 6. Aufl., München 2022 (zit. *Bearbeiter*, in: Meinel/Heyn/Herms, Gesetz, § Rn.).

Mohr, Jochen: Schutz vor Diskriminierungen im europäischen Arbeitsrecht, Berlin 2004 (zit. *Mohr*, Schutz vor Diskriminierungen, S.).

Moll, Wilhelm (Hrsg.): Münchener Anwaltshandbuch Arbeitsrecht, 5. Aufl., München 2021 (zit. *Bearbeiter*, in: Moll, § Rn.).

Münchener Kommentar zum Bürgerlichen Gesetzbuch: hrsg. v. Säcker, Franz Jürgen/ Rixecker, Roland/ Oetker, Hartmut/ Limperg, Bettina/ Schubert, Claudia, Bd. 1: Allgemeiner Teil, 10. Aufl., München 2025 (zit. *Bearbeiter*, in: MüKo-BGB, Gesetz, § Rn.).

Münchener Kommentar zum Bürgerlichen Gesetzbuch: hrsg. v. Säcker, Franz Jürgen/ Rixecker, Roland/ Oetker, Hartmut/ Limperg, Bettina/ Schubert, Claudia, Bd. 5: Schuldrecht – Besonderer Teil II, 9. Aufl., München 2023 (zit. *Bearbeiter*, in: MüKo-BGB, Gesetz, § Rn.).

Münchener Kommentar zur Zivilprozessordnung mit Gerichtsverfassungsgesetz und Nebengesetzen: hrsg. v. Rauscher, Thomas/ Krüger, Wolfgang, Bd. 1: §§ 1–354, 6. Aufl., München 2020 (zit. *Bearbeiter*, in: MüKo-ZPO, Gesetz, § Rn.).

Oberthür, Nathalie: Das Gesetz zur Förderung der Transparenz von Entgeltstrukturen, Ein Beitrag zu mehr Entgeltgerechtigkeit oder bürokratische Riesenkrake?, in: NJW 2017, S. 2228–2234.

Oerder, Lena/ *Wenckebach*, Johanna: Entgelttransparenzgesetz, Frankfurt a.M. 2018 (zit. *Oerder/Wenckebach*, EntgTranspG, § Rn.).

Polzin, Monika: Reichweite und Grenzen der völkerrechtskonformen Interpretation des Grundgesetzes, in: ZaöRV 2023, S. 741–760.

Reimer, Franz: Deutschland, in: Die unternehmerische Freiheit, eine rechtsvergleichende Perspektive, hrsg. v. Díez Parra, Ignacio, Brüssel 2024, abrufbar unter https://www.europarl.europa.eu/RegData/etudes/STUD/2024/760415/EPRS_STU(2024)760415_DE.pdf (zit. *Reimer*, in: Díez Parra, Die unternehmerische Freiheit, S.).

Richter, Achim/ *Gamisch*, Annett: Dienstpostenbeschreibung für Beamtinnen/Beamte, Regensburg 2014 (zit. *Richter/Gamisch*, Dienstpostenbeschreibung, S.).

Rittig, Steffen: Dienstpostenbewertung: Der aktuelle Stand in Rechtsprechung und Literatur, in: DÖV 2016, S. 253–260.

Röhner, Cara: Equal Pay: EU-Richtlinie zur Lohntransparenz stärkt Entgeltgleichheit, in: ZRP 2023, S. 145–147.

Rolfs, Christian: Mehr Transparenz wagen, in: EuZW 2023, S. 489–490.

Rolfs, Christian/*Lex*, Laura: Die Entgelttransparenz-Richtlinie: Entgeltgleichheit zum Preis bürokratischer Überlastung?, in: NZA 2023, S. 1353–1359.

Rudolf, Beate: Die Frauenrechtskonvention (CEDAW) als Bestandteil des deutschen Rechts, in: Mit RECHT zur Gleichstellung!: Handbuch zur Frauenrechtskonvention der Vereinten Nationen, hrsg. v. Bundesministerium für Familie, Senioren, Frauen und Jugend, 2. Aufl., Berlin 2023, abrufbar unter: https://www.bmfsfj.de/bmfsfj/service/publikationen/mit-recht-zur-gleichstellung-162366 (zit. *Rudolf*, in: Mit RECHT zur Gleichstellung!, S.).

Rüthers, Bernd: Die unbegrenzte Auslegung, 9. Aufl., Tübingen 2022 (zit. *Rüthers*, Die unbegrenzte Auslegung, S.).

Sansone, Piero: Gleichstellung von Leiharbeitnehmern nach deutschem und Unionsrecht, Baden-Baden u.a. 2011 (zit. *Sansone*, Gleichstellung, S.).

Schaub, Günter (Begr.): Arbeitsrechts-Handbuch, 20. Aufl., München 2023 (zit. *Bearbeiter*, in: Schaub, § Rn.).

Schaub, Günter (Begr.)/ Koch, Ulrich (Hrsg.): Arbeitsrecht von A-Z, 28. Aufl., München 2024 (zit. *Bearbeiter*, in: Schaub/Koch, Buchstabe, Stichwort).

Schlachter, Monika: Wie kann eine Entgeltdifferenz bei gleicher Arbeit gerechtfertigt werden? Anmerkung zu BAG v. 16.2.2023 – 8 AZR 450/21, in: RdA 2024, S. 52–58.

Schlachter, Monika: 100 Jahre ILO und die Suche nach sozialer Gerechtigkeit, in: EuZA 2020, S. 143–156.

Schlachter, Monika: Probleme der mittelbaren Benachteiligung im Anwendungsbereich des Art. 119 EGV, in: NZA 1995, S. 393–398.

Schmidt-Aßmann, Eberhard: Verwaltungsorganisation zwischen parlamentarischer Steuerung und exekutiver Organisationsgewalt, in: Festschrift für Hans Peter Ipsen zum siebzigsten Geburtstag, hrsg. v. Stödter, Rolf/ Thieme, Werner, Tübingen 1977, S. 333–352 (zit. *Schmidt-Aßmann*, in: FS-Ipsen, S.).

Schmidt-Jortzig, Edzard: Kommunale Organisationshoheit, Göttingen 1979 (zit. *Schmidt-Jortzig*, Kommunale Organisationshoheit, S.).

Schnellenbach, Helmut/ *Bodanowitz*, Jan: Beamtenrecht in der Praxis, 11. Aufl., München 2024 (zit. *Bearbeiter*, in: Schnellenbach/Bodanowitz, § Rn.).

Schoch, Friedrich (Hrsg.)/ Schneider, Jens-Peter (Hrsg.): Verwaltungsrecht, VwGO, 45. EL Januar 2024, München 2024 (zit. *Bearbeiter*, in: Schoch/ Schneider, Gesetz, § Rn.).

Schüren, Peter (Hrsg.): Arbeitnehmerüberlassungsgesetz, 6. Aufl., München 2022 (zit. *Bearbeiter*, in: Schüren, AÜG, § Rn.).

Schüren, Peter/ *Wank*, Rolf: Die neue Leiharbeitsrichtlinie und ihre Umsetzung in deutsches Recht, in: RdA 2011, S. 1–12.

Schuster, Doris-Maria/ *Jacobsohn*, Hanna: Entgeltgleichheit zwischen Primärrecht, Richtlinie und deutschem Recht, in: RdA 2024, S. 270–282.

Schwarze, Jürgen: Soft Law im Recht der Europäischen Union, in: EuR 2011, S. 3–19.

Schwegmann, Bruno (Begr.)/ Summer, Rudolf (fortg.): Besoldungsrecht des Bundes und der Länder, 256. Aktualisierung 2024, München u.a. 2024 (zit. *Bearbeiter*, in: Schwegmann/Summer, Gesetz, § Rn.).

Seibert-Fohr, Anja: Neue internationale Anforderungen an die Überführung von Menschenrechtsabkommen in nationales Recht, in: ZaöRV 2002, S. 391–422.

Servais, Jean-Michel: International Labour Law, 8. Aufl., Alphen aan den Rijn 2024 (zit. *Servais*, International Labour Law, Rn.).

Stolzenberg, Hendric: ILO und EU, Berlin 2021 (zit. *Stolzenberg*, ILO und EU, S.).

Streinz, Rudolf (Hrsg.): EUV/AEUV: Vertrag über die Europäische Union – Vertrag über die Arbeitsweise der Europäischen Union – Charta der Grundrechte der Europäischen Union, 3. Aufl., München 2018 (zit. *Bearbeiter*, in: Streinz, Vertrag, Art. Rn.).

Summer, Rudolf: Amt und Funktion, in: Festschrift für Franz Knöpfle zum 70. Geburtstag, hrsg. von Merten, Detlef/ Schmidt, Reiner/ Stettner, Rupert, München 1996, S. 369–385 (zit. *Summer*, in: FS-Knöpfle, S.).

Terhechte, Jörg Philipp (Hrsg.): Verwaltungsrecht der Europäischen Union, 2. Aufl., Baden-Baden 2022 (zit. *Bearbeiter*, in: Terhechte, VerwR EU, § Rn.).

Trübenbach, Hagen: Neue Wege Zur Entgeltgleichheit zwischen Frauen und Männern, Berlin 2024 (zit. *Trübenbach*, Neue Wege zur Entgeltgleichheit, S.).

Thüsing, Gregor: Arbeitsrechtlicher Diskriminierungsschutz, 2. Aufl., München 2013 (zit. *Thüsing*, Arbeitsrechtlicher Diskriminierungsschutz, S.).

Thüsing, Gregor: Fünf Schritte zu einem besseren Entgelttransparenzgesetz, in: BB 2017, S. 565–568.

Thüsing, Gregor: Lohngleichheit statt Bürokratie, in: DB 2016, S. 2234–2241.

Thüsing, Gregor: Gleicher Lohn für gleichwertige Arbeit, in: NZA 2000, S. 570–576.

Thüsing, Gregor/ *Stiebert*, Tom: Equal Pay in der Arbeitnehmerüberlassung zwischen Unionsrecht und nationalem Recht, in: ZESAR 2012, S. 199–207; zugleich Beitrag in Brand, Jürgen (Hrsg.)/ Lembke, Mark (Hrsg.), Der CGZP-Beschluss des Bundesarbeitsgerichts, Baden-Baden 2012.

Ullrich, Gerhard: Das Dienstrecht der Internationalen Organisationen, Berlin 2009 (zit. *Ullrich*, Das Dienstrecht der Internationalen Organisationen, S.).

Vianden, Sabine Marion: Gleiches Entgelt für gleiche und gleichwertige Arbeit, Frankfurt a.M. 2020 (zit. *Vianden*, Gleiches Entgelt für gleiche und gleichwertige Arbeit, S.).

von der Groeben, Hans (Hrsg.)/ Schwarze, Jürgen (Hrsg.)/ Hatje, Armin (Hrsg.): Europäisches Unionsrecht, 7. Aufl., Baden-Baden 2015 (zit. *Bearbeiter*, in: von der Groeben/Schwarze/Hatje, Vertrag, Art. Rn.).

von Roetteken, Torsten: AGG, 94. Aktualisierung 2024, Heidelberg u.a. 2024 (zit. *von Roetteken*, in: von Roetteken, AGG, Gesetz, § Rn.).

von Roetteken, Torsten: Aktuelle Auswirkungen der Entgelttransparenzrichtlinie, in: NZA-RR 2024, S. 169–176.

von Roetteken, Torsten: Die aktuelle Rechtsprechung des EuGH zur Entgeltdiskriminierung, in: NZA-RR 2019, S. 177–185.

von Roetteken, Torsten: Entgeltgleichheit im Verhältnis von Frauen und Männern, in: ZTR 2014, S. 585–591.

Wank, Rolf: Mindestlöhne – Begründungen und Instrumente –, in: Festschrift für Herbert Buchner, hrsg. v. Bauer, Jobst-Hubertus/ Kort, Michael/ Möllers, Thomas M. J./ Sandmann, Bernd, München 2009, S. 898–915 (zit. *Wank*, in: FS-Buchner, S.).

Wank, Rolf: Das Entgelttransparenzgesetz – Prämissen und Umsetzung, in: RdA 2018, S. 34–46.

Wichmann, Manfred/ *Langer*, Karl-Ulrich: Öffentliches Dienstrecht, 8. Aufl., Stuttgart 2017 (zit. *Bearbeiter*, in: Wichmann/Langer, Öffentliches Dienstrecht, Rn.).

Wiedemann, Herbert/ *Peters*, Harald: Neuere Rechtsprechung zur Bedeutung des Gleichheitssatzes für Tarifverträge, in: RdA 1997, S. 100–108.

Winter, Regine: Gleiches Entgelt für gleichwertige Arbeit, Baden-Baden 1998 (zit. *Winter*, Gleiches Entgelt für gleichwertige Arbeit, S.).

Winter, Regine: Die neue Richtlinie (EU) 2023/970: Entgeltgleichheit durch Entgelttransparenz und Durchsetzungsmechanismen stärken, in: EuZA 2024, S. 140–166.

Winter, Regine: Den Anforderungen der EU-Entgelttransparenzrichtlinie bald nachkommen – Die Zeit läuft, in: NZA 2024, S. 8–18.

Winter, Regine: Mittelbare Diskriminierung bei gleichwertiger Arbeit, in: ZTR 2001, S. 7–15.

Wissenschaftliche Dienste des Deutschen Bundestags: Das soziale Menschenrecht auf Arbeit sowie gerechte und günstige Arbeitsbedingungen nach Art. 6 und 7 des VN-Sozialpakts, WD 6-3000-089/16 v. 5.8.2016, 5. August 2016, abrufbar unter: https://www.bundestag.de/resource/blob/438940/a9437027752a5f73a0c1f21d9ae2dcb9/WD-6-089-16-pdf-data.pdf (zit. WD BT, WD 6–3000–089/16 v. 5.8.2016, S.).

Wolff, Hans J. (Begr.)/ Bachof, Otto (fortg.)/ Stober, Rolf (Hrsg.)/ Kluth, Winfried (Hrsg.): Verwaltungsrecht II, Ein Studienbuch, 8. Aufl., München 2023 (zit. *Bearbeiter*, in: Wolff/Bachof/Stober/Kluth, § Rn.).

Wolff, Heinrich Amadeus: Die Unionalisierung des Beamtenrechts, in: ZBR 2014, S. 1–8.